수감자의 시간에서
기회의 시간으로

군대
18개월 돌려받기

수감자의 시간에서
기회의 시간으로

군대
18개월 돌려받기

전선재 지음

18개월 돌려받기

이 글을 쓰고 있는 지금, 나는 군인이다.

먼저 왜 이 책을 쓰게 되었는지 이유를 말해야 할 것 같다. 거대담론의 이슈라고까지는 할 수 없으나 군대라는 조직에 들어와 내 인생의 한순간을 보내고 있는 동안 고민하고 느꼈던 것들에 대해 이야기하고 싶었기 때문이다.

'나라를 지킨다'는 말은 신성하다. 나도 그렇게 생각한다. 하지만 그런 생각을 가지고 군 생활을 하는 사람은 거의 없다. 그저 무력한 수감자와도 같은 모습으로 시간을 때울 뿐이다. 그게 현실이다.

군대라는 조직이 헤아릴 수 없이 많은 문제들을 가지고 있다는 건 나만의 생각이 아닐 것이다. 지금 군 복무를 하고 있는 사람들, 이미 병역을 마치고 사회로 나가 있는 수많은 대한민국 남자들까지, 다들 알고 있는 사실이다. 하지만 나도 알고 너도 알고 온 세상이 다 알고 있는 그 문제들은 여전히 고쳐지지 않는다. 그래서 우리는 군대에 가는 순간 이렇게 생각한다.

'내 인생에서 18개월은 삭제됐다.'

그럼 단지 군대, 국방부만의 책임일까?

아니다. 우리 자신에게도 문제의 원인이 있다.

나는 이야기하고 싶었다. 대한민국의 청춘들이 18개월이라는 시간을 단지 '빼앗긴 시간'이라고 여길 수밖에 없도록 하는 주된 원인은 무엇인지를.

다만 거대한 국가 조직의 생리를 바꾸는 건 한 개인으로서는 감히 논할 수 있는 부분이 아니라서, 여기에서는 우리의 삶, 18개월이라는 소중한 시간을 그저 빼앗기고 낭비되는 시간으로 보내버리는 것은 억울하다는 자각으로부터 이 글을 쓰고 있다. 즉 18개월이라는 우리 인생의 황금기를 그냥 버려지는 시간이 아니라 자신을 계발하고 미래 비전을 세우는 시간으로 삼았으면 좋겠다는 생각이 들었고, 그런 인식의 변화가 있어야만 18개월이라는 젊은 시절의 한때가 더이상 빼앗긴 시간, 무의미하게 소모되는 시간에 머물지 않게 되리라는 생각을 하게 되었던 거다.

입대해서 처음 내 눈에 들어온 군대에 대한 인상은 비효율적이고 합리적이지 않은 문화, 제도, 관습들이었다. 수십 년 쌓여온 부조리와 그저 '때우고 나가는' 정도로 인식하며 시간을 보내는 나와 같은 병사들이 만들어내는 문화였다. 당연히 나와 같은 병사들은 '군대가 뭐 그렇지.' 하는 식으로 자신이 주체적으로 할 수 있는 역할까지도 그냥 방치한 채 '신성한' 국방의 의무를 그저 언젠가는 짊어져야 하는 '짐' 정도로 받아들일 뿐이었다. 그저 '빼앗긴 18개월'로, 때우고 나가면 그만인 시간으로 인식하게 되었던 것이다.

　자대에 배치를 받은 날로부터 약 두 달이 지났을 무렵, 몇몇 동기 그리고 선임들과 함께 입대를 한 뒤부터 느꼈던 점들에 대해 이야기를 나누었던 적이 있었다. 즉 어떻게 해야 어차피 마쳐야 할 군 생활을 보다 생산적인 시간, 의미 있는 시기로 채울 수 있을지 진지하게 성찰해보고 싶었고 우리가 속해 있는 조직문화를 긍정적으로 바꾸어가기 위한 작은 시도라도 해보고 싶었던 것이다.

　하지만 반응은 시큰둥했다. 군 생활을 하다 보면 너 또한 생각이 바뀌게 될 거라는 게 그들이 내린 결론이었다.

　그 이후로도 적절한 기회가 있을 때마다 그리고 후임이 들어올 때마다 이런 내 생각들에 대해 말을 꺼냈다. 조금씩 내 생각에 동의하는 이들이 늘기 시작했으나 거기서 끝이었다. 내 신념에 따라 군 생활을 해나가고 있고 몇몇 사람들에게 인정을 받기도 했으나 한 개인이 가지고 있는 힘은 미미할 뿐이라는 걸 절감할 수밖에 없었다. 동료들은 여전히 집에 가고 싶다는 말만 주문처럼 내뱉고 있으며, 국방부에게 18개월의 인생을, 젊음을, 기회를 빼앗기고 있다고 생각하고 있을 뿐이다.

　국방부는 『정신전력교육 기본교재』를 통해 "군 복무기간이 이제 잃어버린 시간이 아니라 자기계발의 기회라는 인식이 점차 확산되고 있다"고 말한다.

　하지만 현실은 다르다. 군 생활이 자신의 삶에 도움이 된다고 답하는 비율은 10년 사이 오히려 14% 줄었으며, 실제로 병역과 관계된 20대 남성들 사이에서 군 생활이 도움이 된다고 답변하는 사람은 절반도 채 되지 않는다. 그도 그럴 것이 2021년은 군대에 관한 여러 가지 문제가 사회적 이슈로 떠오른 해였기 때문이다.

2021년 여름, 비영리 민간임의단체로 등록된 페이스북 페이지 '육군훈련소 대신 전해드립니다'에서는 51사단 예하부대 장병의 제보를 시작으로 특전사 예하부대, 11사단 예하부대, 12사단 등 수많은 부대의 병사들이 소속 부대의 부실급식 실상을 제보하기 시작했다. 부실급식 자체도 큰 문제였지만 그보다 더 심각한 문제는 '장병들의 SNS 제보를 통한 부실급식 사태 공론화'가 진행되고 있던 과정에서도, 즉 전국 장병들과 부대가 부실급식에 대한 이슈에 관심을 가질 수밖에 없는 상황에서도 부실급식에 대한 제보가 끊이지 않았다는 점이다.

이러한 상황에서 더불어민주당 송영길 대표가 5월 27일 양주시 72사단을 방문해 현장 점검을 나섰다. 이날 72사단의 식단에는 제육볶음, 동그랑땡, 상추 쌈 등이 나왔고 컵라면과 과자 등 간식까지 배치되어 있었다. 그 전날에는 야당 의원들이 첫 부실급식 제보가 발생한 51사단을 방문했는데, 이때 나온 식단은 장병 한 명당 8,000여 원이 들어간 삼겹살 특식이었다. 참고로 장병 한 사람당 책정이 되어 있는 급식 예산은 2,930원이다.

해당 부대는 일부러 '보여주기식'으로 특식을 내놓은 것이 아니냐는 논란이 일자 의원들의 방문 날짜와 특식 예정일이 우연히 겹쳤을 뿐이라고 해명했다.

사회적으로 커다란 이슈가 되었던 또다른 군 관련 문제로는 '공군 부사관 성추행 사건'이 있었다. 한 방송사는 이 사건을 취재하던 도중 군 검찰이 가해자에 대한 구속영장을 청구하기 3개월 전 이미 범행 상황이 담긴 블랙박스를 확보하고 있었다는 사실을 입수했는데, 그 블랙박스 역시 피해자가 직접 구해 부대에 제출한 것이었다. 또한 피해자에 대한 상관들의 성범죄가 그 이전에도 이미 있었으며, 지난해에도 다른 상관에게 성추행을 당했다는 것이 밝혀졌다. 부대 상담관에게 고충을 호소한 피해자에게 직속상관이 신고를 막아 사건이 묻혔다는 유족들의 주장도 보도했다.

6월 2일에는 또 다른 공군부대에서 일어난 성범죄 사건이 밝혀졌다. 한 부사관이 여군 숙소에 들어가 휴대전화를 사용해 불법 촬영을 하다가 적발된 것이다. 이 사건에서도 군이 피해자를 회유하려 했다는 점이 밝혀져 군의 대응 방식이 논란이 됐다. 소속 부대가 사건 적발 뒤 한 달 가까이 피해자와 가해자를 분리하지 않았고, 군사 경찰이 피해자들에게 "가해자에게도 인권이 있으니 좀 봐 달라"며 회유에 나섰다는 제보까지 있었다.

이에 임태훈 군 인권센터 소장은 "그 까닭은 가해자가 군사 경찰이란 점에서 답을 찾을 수 있다. 전형적인 제 식구 감싸기인 것이다." 라고 지적한다.

이뿐만이 아니다. 6월에는 경북 영천에서 대낮 가정집에 총탄이 날아드는 사고가 발생했다. 인근 군부대 사격훈련 중 일어난 일이었다. 민가에 총탄이 날아들어 인명피해가 날 뻔했던 사건이었음에도 해당 군부대는 깨진 유리창만 보상하겠다고 밝혀 논란이 일었고, 언론사 취재가 시작되어서야 비로소 육군 관계자는 피해자에게 사과했다.

이렇듯 군에서 일어나는 사건 사고와 그에 대한 대응 방식이 사회적 논란을 불러일으키고 국민적 분노를 사는 시점에서 입대 예정자인 20대 남성들이 군대를 자신의 미래에 도움이 되는 곳으로 받아들이기는 쉽지 않을 것이다. 앞서 살펴봤듯이 올해 논란이 되었던 많은 문제들, 즉 급식, 성범죄, 안전 등 우리 사회에서의 기본적이고 필수적인 권리와 직결되기 때문에 이러한 인식은 당연하다고 볼 수 있다.

　그럼에도 입대 예정이거나 병역을 수행하고 있는 병사들이 군 복무 시간을 자신의 '인생에서 의미 없는 곳'이라거나 '그저 시간을 빼앗기는 것'이라고 여기는 것은 군대나 장병 그 어느 쪽에도 무용할 뿐이다.

　나는 병역을 수행하는 18개월이 그저 빼앗기는 시간일 뿐이라는 생각에 전혀 동의하지 않는다. 오히려 미래를 준비할 수 있는 시간과 기회를 얻었다고 생각한다.

　18개월은 13,176시간에 해당한다. 돈을 주고도 살 수 없는 것이 시간이라고는 하지만 그 시간에 최저시급만 적용해도 약 1억 1,500만 원이나 된다. 즉 매년 입대하는 10만 명의 장병들이 군 복무기간을 그저 '빼앗긴 시간'으로 인식하고 수동적으로 보내게 된다면 무려 11조 5,000억 원에 달하는 이 돈이 가치 없이 사라지는 것이 된다. 최저시급으로 11조 5,000억 원, 약 15만 년의 시간이 매년 수많은 대한민국의 젊은 남성들에게는 낭비되는 것으로 받아들여지고 있으며 의미 있게 활용되지 못하고 있는 것이다.

　이런 면에서 이만한 가치의 시간과 비용의 낭비를 막아내는 데 조금이라도 도움이 될 수 있다면 이는 내가 살아가는 동안 이룰 수 있는 가장 값진 일 중 하나가 아닐까 생각한다.

김진형 전 해군소장은 이렇게 말한다.

"군 복무는 인생에서 버려지는 시간이 아니다." "병사의 군 복무를 자랑스럽고 보람되게 만들어, 최소한 군 복무기간이 인생의 썩은 시기가 아니라 황금기가 되도록 만들어 주어야 한다."

자신의 18개월을 국방부에 빼앗기고 있다고 생각하는 모든 장병들의 18개월을 돌려받도록 해 주는 것, 이것이 내가 이 책을 쓰기 시작한 이유다.

18개월 동안의 기회

지금 이 책을 읽고 있는 그대를 포함해서 곁에 있는 동료 대부분은 계획이 있었다. 영어 실력을 올리겠다거나, 자격증을 따놓겠다거나, 꾸준히 운동을 해서 몸짱이 되겠다거나, 그동안 읽지 못했던 책들을 읽겠다는 등 다양한 목표를 세웠을 것이다.

하지만 지금도 꾸준히 목표를 향해 나아가고 있는가? 스스로 생각하기에 정말 열심히 목표를 향해 가고 있는가? 지금 해나가고 있는 것처럼 군 생활을 하고 전역을 하게 된다면 그렇게 보낸 18개월의 시간이 후회로 남지 않을 것인가.

이런 질문에 만족스러운 대답을 내놓을 수 있다면 그대는 성공적인 군 생활을 하고 있다. 앞으로 해야 할 일은 오늘 하고 있는 일을 지치지 않고 꾸준히 해나가는 것뿐이다.

하지만 내놓는 대답이 부정적이라면 그대는 자신을 발전시킬 기회를 놓치고 있는 것이며, 막상 전역을 하는 시점에서는 '아 뭐라도 조금 더

할걸' 하는 후회를 하게 될 가능성이 높다. 그야말로 빼앗긴 18개월이 되는 것이다.

조금만 깊게 생각을 해보면 내가 왜 군 생활을 기회라고 생각하는지 이해할 수 있을 것이다. 18개월의 군 생활은 그동안 살아온 20여 년의 인생을 피드백하여 수정하고 발전시킬 기회이기 때문이다.

우리는 그동안 왜 변화를 이루지 못했을까. 수없이 다짐하고 결심을 반복하지만 별로 달라지는 것이 없었다. 왜일까? 나에 대해 너무나 잘 알고 있는 주변 사람들, 하루 24시간 매일매일 반복되는 똑같은 환경에서 모든 통제권을 우리 자신에게 맡겼기 때문이다.

군대에 입대하기 전의 자신에 대해 생각해보자. 친구를 만나고 싶으면 언제든 만날 수 있었고, 게임을 하고 싶으면 밤을 새워 하더라도 아무도 뭐라 하지 않았고, 잠을 자고 싶으면 잤다. 배가 고프면 먹고 싶은 메뉴로 주문해 먹고 싶은 속도로 보고 싶은 영상을 보면서 먹었다. 심지어 우리는 자유시간도 많았기 때문에 이러한 행동을 매일매일 언제든 반복할 수 있었다.

한편으로 우리는 어떤 목표를 설정하고 그 목표를 이루기 위해 노력하고자 할 때마다 주변 방해꾼들에 무방비로 노출되어 있기도 했다. 다이어트나 금연, 공부를 하겠다는 결심을 입에서 꺼내는 순간 주위 친구들은 "넌 절대 해내지 못할 거야." 라면서 내기를 하자고 덤벼들고, 안 하던 짓 그만하라면서 그냥 예전처럼 지내자고 부추긴다. 이제 공부를 해야겠다며 늘 함께 놀던 친구들에게 당분간은 놀 시간을 낼 수 없다고 말을 하는 게 너무나도 어렵고 게임을 줄이기로 했으니 피시방은 너희끼리 가라는 말 역시 하기가 쉽지 않다.

이뿐만이 아니다. 자신의 성격이나 생활습관을 바꾸기도 쉽지 않다. 나에 대해 너무나도 잘 알고 있는 가족이나 친구, 지인들의 시선을 의식하기 때문이다. 즉 민망하고 어색한 느낌이 들어 쉽게 행동으로 옮기기가 어렵기 때문이다. 그래서 우리는 그동안 더 친절하고 예의 바른 사람이 되려고 마음먹어도 친구들과 모이면 바로 욕부터 하고 서로를 놀리면서 놀았던 것이고 선생님 말씀이나 몇몇 영상을 보고 감명받아 '부모님께 더 잘 해드려야겠다'고 마음을 먹었다가도 집에 가면 방에 들어가 핸드폰을 들여다보면서 부모님께는 "사랑한다"는 말 한마디가 죽어도 나오지 않던 것이다.

성공학의 대가★家 나폴레온 힐은 말한다.

"친한 친구와 친척들은 악의 없는 농담이라고 하면서 당신의 결정을 비웃거나 조롱하는 경우가 있다. 바로 이런 까닭으로 수많은 사람이 자신감을 잃거나 좌절하며 도중 하차하여 인생을 망치는 경우가 있다. 당신의 자신감을 무너뜨렸기 때문이다."

나폴레온 힐의 말처럼 종종 주위 사람들은 우리가 내린 선택 자체와 그 결과물에 대해 우리의 자신감을 잃게 하는 피드백을 주기도 한다.

자, 그렇다면 군대는 어떠한가? 군대는 일단 적절한 통제력을 갖추고 있으며 우리가 기존에 어떤 사람이었는지 아무도 모른다. 너무 나태해지지만 않는다면 다른 사람들의 눈치를 안 보고 나의 계획대로 내 삶을 살아볼 수 있는, 그것도 꽤 오랫동안 살아볼 수 있는 기회다. 심지어 여러 계획들을 시험해볼 수도, 끊임없이 수정하며 더 개선해 나갈 수도 있다.

대부분 20대에 속하는 이 시기는 전역 후에 펼쳐지게 될 수십 년 인생을 준비할 수 있는 최적의 시기이기도 한다.

미국의 전 국무부 장관 콘돌리자 라이스는 이렇게 말했다.

"스스로를 피해자로 생각하면 안 됩니다. 스스로를 피해자라 생각하는 순간 삶의 주도권을 타인에게 넘겨주는 것이니까요. 상황은 통제할 수 없더라도 상황에 대한 반응은 통제할 수 있습니다."

입대를 앞둔 모든 청년들, 현재 군 복무를 하고 있는 장병들은 콘돌리자 라이스의 말을 명심해야 한다. 우리가 놓여 있는 상황만 탓하며 거기에 매몰돼 우리의 주도권을 잃어서는 안 된다. 군 복무라는 상황은 통제할 수 없을지라도 그것을 어떻게 받아들일 것인지에 대한 반응을 우리는 얼마든지 통제할 수 있다.

그러기 위해서 제일 먼저 해야 할 것은 확고하면서도 새로운 마인드를 갖는 것이다. 그것은 18개월 군 생활을 절대 빼앗기는 시간으로 만들지 않겠다는 것이며, 자신이 세운 목표를 향해 나아가겠다는 마음 자세다. 또한 자신이 세운 목표를 달성하기 위해 끊임없이 능동적으로 생각하고 행동하겠다는 마인드다.

이 글을 읽고 있는 그대가 이런 마인드를 가지고 시작할 때, 이 책이 그대가 이 적절한 시기와 적절한 장소에서 주어진 기회를 잡아 그대의 군 생활을 바꾸는 기회로 만들도록 도와줄 것이다. 이는 단순히 철저한 시간 관리나 긍정적 사고방식에 국한되는 이야기가 아니다. 그대의 군 생활 18개월을 그대 삶 중 그 어느 때의 18개월보다 값지게 만들어 줄 것이다.

_ 전선재

차례

CHAPTER 1

왜 빼앗기는 시간이라고 느끼는가

사라진 자유

가장 기본적인 질문 하나가 떠오른다.

'왜 많은 사람들은 군 복무기간 18개월이 인생에 도움이 되지 않는 시간, 국방부에게 빼앗기는 젊음의 시간이라고 생각할까?'

"지금부터 18개월 동안 당신의 미래를 어떻게 예상하는가?"라는 질문을 했다고 해보자. 누구도 선뜻 "버려지는 시간일 것"이라든가, "인생의 썩은 시기가 될 것"이라는 대답을 내놓는 사람은 없을 것이다.

하지만 입대를 앞둔 청년들이 내놓는 대답은 다르다. 김진형 전 해군 소장의 말처럼 '인생에서 버려지는 시간', '인생의 썩은 시기'라고 답하는 이들이 대부분이다.

이유로는 다양한 대답들이 나올 수 있지만 크게 세 가지로 나눠볼 수 있다.

그 첫 번째 이유는 바로 자유의 제한이다.

군 복무를 하는 18개월 동안은 단 1초도 입대하기 전만큼 자유로울 수 없다. 정해진 복장, 정해진 말투, 정해진 두발 상태, 정해진 식단, 정해진 공간, 정해진 시간표, 정해져 있는 주변 사람들, 불변의 원칙인 상명하복의 계급 체계 등 자유를 제약하는 수많은 요소들이 있다.

물론 국가 안보에 필수적인 혹은 최소 효과적인 방안들이지만 지금 여기에서는 자유를 제한한다는 점에만 초점을 맞추어 이야기하자.

외출이나 외박, 휴가로 부대를 나서면 어떨까? 입대하기 전처럼 자유를 누릴 수 있을 것으로 생각한다면 오산이다. 부대를 벗어나 사복을 입고 자유롭게 시간을 활용하며 지낼 수 있다고 하더라도 출발일과 복귀일, 특별한 경우(코로나-19로 인한 현 상황 등)에는 매일매일 보고를 해야 한다. 게다가 부대 밖에서 사소한 다툼에라도 휘말리면 군인이라는 이유로 더 불리한 입장에 처하게 된다. 그리고 법적 처벌과는 별개로 부대 내의 징계까지 추가로 받게 된다. 이뿐만 아니라 정치적 중립을 지켜야 하는 등의 규율 역시 부대를 벗어났다고 하더라도 당연히 적용된다.

물론 '자유의 제한'이라고 할 때 떠오르는 가장 큰 요소는 앞서 언급한 정해진 공간 내에서의 정해진 생활패턴이다. 매일매일 똑같은 곳에서 그것도 똑같은 사람들과 똑같은 일상을 지내는 것이 한 인간으로서의 주체성과 능동성을 떨어뜨리고 무력감이 들도록 만드는 것은 당연하다. 또한 이런 환경으로 인해 자신이 원하는 일에 시간을 투자할 수 없는 데서 오는 불만과 자신이 별로 하고 싶지 않은 일에 시간과 노력을 투자해야 한다는 불만이 동시에 발생한다.

여기서 본인이 원하는 일은 보통 '단기적으로든 장기적으로든 자신에게 도움이 되는 행동'으로, 하고 싶지 않은 일은 '내게 필요 없는 일'로 판단하기 때문에 통제된 생활은 당연히 도움이 되지 않는, 그저 빼앗긴 시간이라고 자연스럽게 생각하게 된다.

우리는 입대를 하기 전까지는 성인으로 성장하게 되면서 점점 더 많은 시간, 더 넓은 영역에서 자유를 확장시켜 왔다. 부모님이 모든 걸 챙겨주던 어린 시절을 지나, 교복을 입고 선생님들에게 잔소리를 듣던 학창시절을 지나, 한 사람의 성인으로 성장하는 동안 당연한 것으로 여겼던 '자유의 확장'이 입대와 동시에 '자유의 제한'으로 바뀌게 된다. 사실 입대를 앞둔 청춘들에겐 이것이 가장 큰 걱정거리임이 분명하다.

군대와 연관되어 떠오르는 모든 크고 작은 문제들이 자유의 제한으로부터 비롯된다. '일말상초'라는 신조어까지 만들어낸 연인과의 이별 문제와 같은 개인적인 문제부터 총기 사건과 같은 집단적이고 중대한 문제까지 그 기반에는 자유의 제한이라는 규제가 깔려 있다.

물론 군대가 자유를 제한함으로써 연인과의 사이가 멀어지고 결국 이별하게 되었다거나 자유를 제한당하는 스트레스로 인해 각종 사고가 발생한다고 단정 짓는 것은 합리적인 사고라고 할 수 없다.

하지만 수많은 저서와 실제 사례들이 분명히 증명하듯 우리는 합리적이지 않다. 따라서 크고 작은 사건들이 모두 자유의 제한이라는 기반 위에 놓인 통제적인 환경에 영향을 받는다고 생각하는 것부터 군대에서 행해지는 자유의 제한에 의해 내가 사소한 혹은 중대한 사건 사고의 당사자가 될 수 있다는 두려움까지는 거리가 멀지 않다.

여기서 한 가지 새로운 관점을 제시해 보고자 한다.

우리가 자유의 제한을 군대를 기피하는, 어쩌면 가장 강력한 요인으로 꼽는 이유는 '자유의 제한 그 자체에 대한 선입견'에서 온다.

'자유의 제한'은 무엇일까?

'무엇에 얽매이지 않고 자기 마음대로 행동하는 일, 또는 그러한 상태를 뜻하는 자유라는 단어와 일정한 한도를 정하거나 그 한도를 넘지 못하게 막음, 또는 그렇게 정한 한계'라는 뜻의 '제한'이라는 단어의 공존은 우리에게 사뭇 부정적이고 강압적인 느낌을 주기 마련이다.

하지만 20년간 미 해군 '네이비 씰'에서 복무한 뒤 『네이비 씰 승리의 리더십』과 『네이비 씰 승리의 기술』을 집필한 조코 윌링크는 "규율이 곧 자유다." 라는 말을 자신의 신조로 삼고 있다고 한다. 이어 그는 "경제적인 자유든 더 많은 자유시간이든 질병으로부터의 자유든 간에 삶에서 자유를 원한다면 규율을 통해서만 가능하다." 라고 덧붙인다.

윌링크를 인터뷰한 팀 페리스는 "자유의지를 드높이고 성과를 끌어올리려면 일관된 규칙이 필요하다. 단순하면서 규칙적인 계획이 더 많은 자유와 성취를 안겨준다. 규칙과 통제가 있어야 주체성과 자유가 더 크게 느껴진다." 라고 말했다.

윌링크와 페리스는 자유를 아무런 규율도 없는 통제되지 않는 상태가 아니라 규칙적인 생활을 가능케 하는 일정한 규율 위에 존재하는 것이라고 본다.

이러한 측면에서 볼 때 자유를 제한하는 군대의 규율을 부정적으로만 받아들이는 것은 편협한 시각이다. 우리는 국가를 수호하는 임무를 수행하는 데 필요한 그 규율 속에서 진정한 자유를 찾고 그 자유를 우리 자신을 위해 사용할 수 있다. 이른 취침시간과 기상시간은 우리가 적절한 운동과 올바른 식습관을 병행하기만 한다면 최상의 컨디션을 유지하는 데 매우 적합한 규율이다. 정해진 식단으로만 먹어야 한다는 사실에 불평하기도 하지만 하루 세 끼를 매일같이 챙겨준다는 것 역시 우리의 건강뿐 아니라 규칙적인 생활에 큰 도움이 된다. 이뿐만 아니라 우리의 자유를 제한하는 규율이 존재하는 만큼 우리의 자유를 보장해 주기 위한 복지도 충분히 마련되어 있다. (이 복지들에 대해서는 책의 후반부에 따로 정리해 두었다.)

군대의 규율과 통제 덕분에 우리가 군에 입대하기 전보다 더 많은 자유를 누릴 수 있다는 이야기는 물론 아니다. 하지만 사회에서 우리가 누리는 자유도 결국은 법과 문화 등의 규율로부터 나온 것이며, 이는 군대의 규율과 통제 아래에서도 자유를 도출할 수 있다는 사실을 보여준다.

따라서 군대의 규율에 대해 '자유의 제한'이라는 어구로부터 오는 선입견을 잠시 제쳐두고 그 규율들이 새롭게 보장해 주는 자유는 무엇인지, 그 규율들과 그로부터 나오는 자유를 우리 자신을 위해 어떤 식으로 사용할 수 있을지에 집중하는 것이 중요하다.

하지만 실제 군대 내에서 이러한 노력을 기울이는 사람들을 찾아보기는 힘들다. 이른 취침시간에는 몰래 TV를 보면서 더 늦게 자려 하고 이른 기상 시간에는 5분이라도 더 자고 싶어 이불을 뒤집어쓴다. 영양을 고려해 정해진 식단으로 제공되는 세 끼 식사는 결식하기가 일쑤고 컵라면과 냉동식품으로 배를 채운다. 공부 연등을 신청한 뒤 사이버 지식 정보방에서 게임 동영상을 시청하다가 적발되거나 핸드폰으로 불법 스포츠

도박을 하다가 적발되는 경우도 허다하다. 다시 말해 군대의 규율과 통제를 통해 보장받을 수 있는 자유를 찾고 그 자유를 활용하기보다는 규율과 통제를 무시함으로써 자유를 얻는 방식을 추구한다는 것이다.

군대에서 규율을 어기고 통제에서 벗어남으로써 얻게 되는 것은 자유가 아니라 무질서와 징계처분이다. 이것은 입대 전 사회생활에서도 마찬가지다. 사회가 규정한 법과 통제를 무시하는 자유, 아니 방종은 범죄가 된다. 우리는 사회가 규정한 법질서를 따르는 방식으로 우리 모두의 자유를 보장받을 수 있었다. 이것은 군대에서도 같은 원리로 작동한다.

따라서 군대 내의 정해진 규율을 준수하고 합리적인 통제에 따르면서 그로부터 보장되는 우리의 자유를 찾아내고 이를 이용하면서 우리 자신을 발전시키려는 노력이 필요하다.

하지만 우리는 종종 우리의 자유를 통제하는 규율들이 존재한다는 이유만으로 우리 자신이 더 나태해지고 우리의 열정이 죽어가는 것을 방관하곤 한다.

나는 개고생하는데 사회에 있는 친구녀석은

입대를 위해 머리를 빡빡 밀고 나타난 친구를 놀려대는 장면은 우리에게 익숙하다. 한편, 일찌감치 병역을 마친 친구는 입대 예정자들에게 무엇보다 큰 부러움의 대상이기도 하다.

이러한 '놀림 혹은 부러움'과 같은 반응은 앞서 이야기했던 자유의 제한과 관련이 깊다. 이미 전역을 한 경우는 물론이고, 하다못해 입대를 해서 군 생활을 하고 있는 친구조차 이제 입대를 앞두고 있는 입장에서는 머지않아 자유를 되찾게 될 부러운 존재인 것이다.

입대자들과 복무 중인 장병들이 타인과 자신을 비교하는 경우는 이뿐만이 아니다. SNS에 올라오는 수많은 사진들과 영상들을 보며 '사회에서의 삶'을 부러워한다. 친구들과 함께 하는 술자리 사진부터 해외여행을 간 친구들이 올리는 영상까지 사회에서의 즐거운 삶을 담고 있는 것이라면 뭐든 군인들의 마음을 자극한다. '아, 나도 밖에 있었으면…' 하는 생각이 절로 든다.

이외에도 다른 친구들은 시간을 맞춰 함께 게임을 즐기는데 자신은 정해진 시간에만 게임을 할 수 있어 애초에 모임에 끼어들기 어렵고, 끼더라도 시간 제약으로 인해 먼저 나와야 하는 경우가 많다. 물론 게임 자체를 할 수 없는 부대도 있다. 친구들과 메신저를 통해 단체 채팅이나 단체 전화로 대화를 나누다가 핸드폰 반납 시간이 되어 먼저 나와야 하는 경우도 있다.

이렇듯 군대 밖에서 지내는 지인들을 보며 혹은 그들과 상호작용하며 그들과 자신을 끊임없이 비교하게 되고, 이 과정에서 자신이 매우 불리한 조건과 힘든 여건 속에서 살아가고 있다는 생각을 하게 된다.

이러한 생각은 사회에 있을 때 우리와 다른 세계에서 살고 있는 사람들, 예컨대 재벌이라든가 연예인들을 보면서 느끼게 되는 부러움이나 회의감보다 훨씬 더 크다. 이는 쉽게 받아들이기 힘든 사실이다. 심지어 우리는 부대에서 TV로 연예인과 아이돌을 보면서도 입대하기 전보다 더 큰 부러움 같은 걸 느끼지는 않는다.

소설가이자 일상의 철학자 알랭 드 보통Alain de Botton은 그의 저서 『불안』에서 "우리가 현재의 모습이 아닌 다른 모습일 수도 있다는 느낌(우리가 동등하다고 여기는 사람들이 우리보다 나은 모습을 보일 때 받는 그 느낌)이야말로 불안과 울화의 원천이다." 라고 적었다. 이어 "엄청난 축복을 누리고 살아도 전혀 마음이 쓰이지 않는 사람들이 있는가 하면, 우리보다 약간 더 나을 뿐인데도 끔찍한 괴로움에 시달리게 만드는 사람들도 있다. 우리는 우리 자신이 같다고 느끼는 사람들만 질투한다"고 덧붙이고 있다.

이는 앞서 언급한 우리 부러움의 이해하기 힘든 부분을 설명해 준다.

또한 알랭 드 보통은 같은 책에서 데이비드 흄이 『인성론』에서 했던 말을 인용했는데, 이는 다음과 같다.

"질투심을 일으키는 것은 우리와 다른 사람들 사이의 커다란 불균형이 아니라 오히려 근접 상태다."

입대하기 전에 함께 시간을 보냈던 수많은 지인 중에도 군인들이 비교하고 질투하게 되는 대상은 단연 친구들이다. 대부분 SNS에 그들이 올리는 모습들은 그들이 가장 행복하고 긍정적인 순간이다. 하지만 그런 점에 대해서는 조금도 인식하지 않으면서 단지 SNS에 올라온 친구들의 모습이 자신보다 더 자유롭고 더 행복해 보인다는 이유로 질투의 감정이 생긴다. 20여 년 동안 살아왔던 자유로운 사회에서의 생활과 처음 경험해보는 비교적 덜 자유로운 군 생활 그리고 군대에 대한 비관적 인식 속에서 군대 밖에 있는 친구들과 비교를 하다 보면 당연히 군 생활에 대한 회의감과 좌절감이 들 수밖에 없을 것이다.

지인들과 비교하면서 파생되는 진짜 문제는 부러움, 질투, 회의감 등의 감정을 느끼게 만드는 책임을 누군가는 져야 한다고 생각하는 것뿐 아니라 군대라는 불가역한 대상에게도 책임을 지운다는 것이다. 즉 친구들의 근황을 접할 때마다 우리는 군대에 대한 분노, 억울함, 무기력함을 느끼게 되고 이는 다시 군대를 더 부정적으로 바라보게 만든다. 즉 전역하는 날만을 학수고대하는 수동적인 존재가 된다.

이러한 악순환에서 빠져나오기 위해서는 알랭 드 보통과 흄의 말을 다시 한번 깊게 이해하는 것이 도움이 될 수 있다. 우리보다 현저하게 나은 위치에 있는 사람들이라 할지라도 우리와 전혀 무관하다는 이유로 별다른 질투심을 느끼지 않는다는 사실과 우리와 가깝고 동등하다고 여기는 주위 사람들에게서 느껴지는 질투심과 상대적 박탈감은 말 그대로 절대적인 '차이'나 명확한 '피해'에서 오는 것이 아님을 알 수 있기 때문이다.

다시 말해 만약 우리가 정말 군 입대를 통해 다른 이들보다 더 적은 기회를 갖고 더 열악한 환경에 처하게 되었다는 차이점과 이 차이로부터 오는 피해 때문에 질투심과 상대적 박탈감을 느낀다면, 우리는 주위 사람들이나 지인에게서 느끼는 질투의 감정이 가장 작아야 한다.

따라서 이러한 질투심은 아는 사람이 복권에 당첨되었을 때 더 배가 아픈 것처럼 유치한 감정에 지나지 않는다. 따라서 이러한 감정에 휘둘려 낙담하고 힘들어 할 이유가 없다.

이러한 결론은 우리가 느끼는 질투심과 상대적 박탈감에 대한 책임을 우리 자신은 물론 그 누구에게도 지울 필요가 없다는 것을 의미한다. 군 면제 대상자인 친구든 나보다 몇 년이나 빨리 전역한 친구든 그리고 그 친구들이 지금 무엇을 하고 있든, 우리와는 전혀 상관이 없다.

우리가 군 복무를 해야 한다는 사실과 18개월 동안의 군대 생활을 통해 우리 자신을 발전시킬 수 있는 기회를 얻었다는 사실은 바뀌지 않는다. 이 18개월이라는 기간 동안 우리가 처해 있는 상황을 부정적으로 인식하고 스스로 한계를 긋도록 만드는 질투심이나 피해의식 따위는 우리에게 전혀 필요치 않다.

학습된 거부감

학습된 거부감은 사회적 인식 혹은 사회적 평가라고 바꾸어도 무방할 정도로 오랫동안 사회에 의해 학습되는 거부감을 말한다. 사회 인식과 평가 등에 의해 군대에 대한 부정적 선입견이 자리를 잡고 자연스럽게 거부감, 회의감 등으로 이어진다는 이야기다. 이를 뒷받침하는 근거로 다시 세 가지를 들 수 있다.

첫 번째로는 군대, 군인에 관련된 요소를 유머 소재로 사용하는 것과 우리나라 군대에 대한 사회적 인식을 들 수 있다.

알랭 드 보통은 『불안』에서 낮은 지위에 의한 일차적인 문제를 신체적 불편이 아닌 자존심에 관한 문제라고 이야기하며 "불편은 모욕을 동반하지만 않으면 오랜 기간이라도 불평 없이 견딜 수 있다. 병사나 탐험가들이 그런 예다. 그들은 사회의 극빈층이 겪는 것보다 훨씬 더 심한 궁핍을 기꺼이 견디지만, 다른 사람들이 자신을 존경한다는 것을 알기 때문에 버텨낸다." 라고 적었다.

이만큼 장병들에게 있어 존경 혹은 최소한의 사회적 인정은 병사 개개인의 차원뿐 아니라 국가적 차원에서도 필수적이다.

하지만 이 글을 읽고 있는 독자들도 '군대 관련 영상' 혹은 '군대 썰' 등을 떠올려보라고 하면 십중팔구 유머를 목적으로 한 콘텐츠에서 보고 들었던 이야기를 떠올릴 것이다.

군대와 군인이라는 소재를 희화적으로 사용하는 것이 문제라는 이야기는 아니다. 하지만 자극적이고 더 재미있을수록 활발하게 공유되어지는 SNS 등의 인터넷 특성으로 인해 더 부정적이고 특히, 더 웃음을 자아내는, 조금은 극단적이고 부정적인 요소에 초점을 맞춰 희화화하는 경우가 많다. 이에 따라 입대 전부터 군대에 대한 부정적이고 극단적인 부조리 요소들을 많이 접하게 한다는 것이다. 이뿐 아니라 '○○하기 또는 재입대하기' 등과 같은 말장난도 인터넷상에서 흔히 접할 수 있다. 군대, 입대, 재입대 등은 젊은 남성들에게 매우 부정적이고 피하고 싶어 하는 대상으로 확실히 인식되어 있는 것이다.

38년간 군대에 몸담았던 김진형 전 해군소장은 그의 저서 『대한민국 군대를 말한다』에서 "최근 군대 '갑질' 이야기가 불거지면서 노예병, 농사병 등 병사들에 대한 모욕적인 말들이 많다. 병사들의 명예로운 헌신이 무시되는 것 같아 마음 아프다." 라면서 신조어를 통해 병사를 희화화하는 문제를 지적함과 동시에 "이는 그들을 존중하지 않는 잘못된 인식에서 비롯된 문제들이다." 라고 적었다. 군대와 군인에 대한 사회적 인식에도 문제가 있음을 언급하고 있는 것이다.

두 번째로 부정적인 사건이 더 자주 이슈화된다는 점을 들 수 있다. 이는 군대에만 해당하는 이야기라기보다 자연스러운 사회적 현상에 가깝다. 어쨌든 이러한 현상 자체가 군대가 가지고 있는 다른 특정한 이유들에 더해 군대에 대한 부정적 이미지를 갖도록 하는 요인으로 작용하고 있다는 것은 사실이다.

물론 군인들의 영웅적 업적과 숭고한 희생 그 자체나 혹은 이를 기념하거나 기리는 모습들이 이슈가 될 때도 있다. 하지만 우리는 이러한 사건들을 보면 '특정한 시대' 혹은 '특정한 부대' 그리고 '특정한 사건'으로 분류하며 이를 통해 군대나 군인 자체에 대한 인식에 큰 변화를 가져오는 경우는 드물다.

반면 앞서 기술한 부실급식 사태, 성범죄 사건, 사격장 사고 등은 특정 시기에 특정 부대에서 일어난 일이라 하더라도 군부대 전체에 대한 인식을 악화시키고 정책적으로도 군 전체에 대한 대규모 점검과 개선 작업을 불러온다.

하지만 군대를 다녀온 뒤 군대가 자기 인생에서의 터닝 포인트가 되었다든가 군 생활을 통해 얻은 것이 정말 많다는 등의 이야기는 그 누구도 하지 않는다. 혹여나 한다고 해도 우리가 그 내용을 접할 수 있을 만큼 이슈화되지도 않는다. 쉽게 말해 주위에서 접하게 되는 군대에 대한 정보는 대개 군대의 부정적 측면을 포착한 것이거나 군대에 가기 싫은 사람들의 마음에서 비롯된 것들이다.

이러한 두 번째 근거를 뒷받침하는 사례로 가장 확실한 것은 한국전쟁과 관련된 꾸준한 안보교육과 더불어 군인들이 활약한 여러 사례들이 이슈화되어 우리 머릿속에 자리를 잡고 있는 현 상황에서도 정작 '현재 군인 혹은 군대에 대한 인식'은 어떤지 하는 것이다.

세 번째로는 병역기피와 군 면제 혜택에 대한 사회적 평가가 있다.

'어느 유명인 A가 병역기피를 위해 어떤 행위를 하였다'는 주제는 항상 사회적인 이슈가 되고 여론의 질타를 받곤 한다. 이러한 사건이 사회적 이슈가 될 때마다 이를 지켜보는 사람들은 '저런 행동을 하면서까지 피하고 싶은 것이 군대구나.' 라는 생각을 하게 된다. 그리고 엄연히 존재하는 '병역면제 혜택'이라는 정책적 장치도 군대를 가지 않는 것이 엄청난 혜택이며, 역으로 군대를 가는 것은 병역면제자들에 비해 '불이익'을 받은 것이라는 부정적 인식을 갖도록 한다.

또 다른 얘기를 해보자면, 가끔 해외에서 좋은 활약을 하고 있는 스포츠 선수나 가수들에게 병역면제 혜택을 주자는 이야기가 나올 때마다 늘 가장 논란이 되는 맹점은 '국방의 의무를 이행하지 않아도 될 정도의 활약인가'가 아니라 다른 분야에 종사하는 일반 남성들에게 대한 '차별'은 아닌가 하는 부분이다. 군 복무의 근본적인 목적과 의의를 법적으로 다른 남성들과의 형평성이 아닌 국방의 의무 이행에 두고 있음에도 말이다.

앞서 언급한 김진형 전 해군소장은 "병역기피는 가진 자들의 권리가 아니라, 병역이야말로 가진 자들의 의무다." 라고 적었다.

병역의 본질과 의의를 관통하는 훌륭한 말이지만 현실에서 대부분의 장병들은 자신이 차별을 받는다고 생각하면 생각했지, 가진 자로서의 의무를 이행한다고 생각하지는 않는 것 같다.

이쯤에서 '그럼 필자는 두 번 입대하라.' 라든가, '군대가 싫은 것은 당연한 것 아니냐.' 하고 생각하는 독자들이 있을 것 같아 조금 말을 덧붙이겠다.

내가 지금까지 세 가지 근거를 통해 이야기하고자 한 것은 '왜 많은 사람들이 군 복무 18개월이 인생에 도움이 되지 않는 시간이라고 말하며 그만큼의 젊음을 빼앗긴다고 생각할까?' 라는 질문에 대한 대답을 찾는 과정이었다는 걸 다시 떠올려 보라.

몇몇 독자들의 생각처럼 군대를 싫어하고 입대를 피하고 싶은 것은 인지상정이다. 나도 입대 전에 입대와 면제 중 하나를 고르라고 했다면 당연히 면제를 택했을 것이다.

물론 군 복무를 하고 있는 지금 재입대를 할 생각은 없다. 하지만 입대 전으로 돌아간 시점으로 돌아간다면 군 면제 혜택을 주겠다는 조건에는 응하지 않을 것이다. 그만큼 군 생활은 나에게 새로운 마인드를 갖게 되는 기회를 제공했고 여러 가지 깨달음 그리고 꾸준함의 힘에 대해 알려주었다. 나는 입대를 하지 않고서도 이 모든 것들에 대해 깨달을 수 있었을 것이라고는 확신할 수 없다.

내가 말하고자 하는 것은 그것이 얼마나 자연스럽게 형성되었지는, 얼마나 학습을 통해 형성되었든지 간에 군대에 대한 부정적 생각, 특히나 시간을 빼앗기고 인생을 낭비한다는 생각 자체는 전혀 도움이 되지 않을 뿐 아니라 오히려 엄청난 해가 된다는 사실이다.

이왕 군 복무를 하게 됐다면 군대에 대한 거부감을 가지고 부정적인 감정을 드러내기보다 국방의 의무를 이행하는 이 기간을 나 자신을 발전시킬 수 있을지에 집중하자는 것이다.

하지만 우리가 군대의 규율 속에서도 자유를 찾아내고, 밖에 있는 지인들과의 비교를 멈추고 우리 머릿속에 자리 잡은 군대에 대한 거부감을 떨쳐낸다고 하더라도 자연스럽게 우리 자신을 발전시키는 과정에 돌입할 수 있는 것은 아니다. 우리가 18개월 동안의 군 복무기간을 빼앗긴 시간이고 느끼게 하는 요소들만 있는 것이 아니라 우리가 긍정적인 마음가짐과 적극적인 태도로 국방의 의무를 이행함과 동시에 우리 자신을 발전시키는 과정 자체를 방해하는 요소들도 있기 때문이다.

CHAPTER 2

무엇이 우리를
지치게 하는가

군대에서 일어나는 변화들

　지금까지 살펴본 여러 가지 요인들은 우리가 왜 군 복무 시간을 빼앗기는 시간이라고 느끼게 되는지에 대해 설명해 준다. 그렇다면 이제 우리가 그 요소들에 대해 인지한 상태로 더이상 18개월 동안의 군 생활을 낭비되는 시간으로 여기지 않겠다고 마음먹으면 되는 것일까? 물론 그렇지 않다. 우리가 왜 군 생활을 빼앗기는 시간으로 여기는지 그리고 이러한 생각이 얼마나 불필요한 생각인지 인지하는 것은 시작에 불과하다. 당연하게도 그 이후 우리의 적극적인 행동과 노력이 필요한 것이다.

　앞서 말한 것처럼 군대는 우리가 과거의 우리 자신을 극복하고 자기계발을 하고 긍정적인 생활습관을 얻기에 효과적인 곳이다. 하지만 수많은 사람들이 군대에 다녀옴에도 불구하고 이러한 변화를 경험하는 사람이 거의 없는 이유는 내가 바라는 나의 모습 이전에 군대가 바라는 우리의 모습이 있기 때문이다.

　우리가 군대가 요구하는 모습을 갖추기 위해서는 에너지가 소비되기 마련이다. 기존에 갖고 있던 우리를 둘러싸고 있는 환경적 요소를 시작으로 사고방식과 행동 양식 그리고 인간관계까지 우리가 적응을 하는 과정에서 우리를 무기력하게 만드는 요소가 너무나 많다.

물론 국방의 의무를 이행하는 군인으로서 군대가 요구하는 역량을 먼저 갖추어야 하는 것은 당연하다. 하지만 의지력이란 체력과 같이 고갈되기도 하고 충전되기도 하는 관리가 필요한 것이다.

여기서 의지력이란 쉽게 말해 우리가 우리 자신을 컨트롤 하는 데 들어가는 에너지를 말한다. 내가 원하는 목표를 이루기 위해 노력하거나 벗어나고 싶은 상황을 참거나 혹은 끊임없는 각종 자극들과 스트레스 속에서 버텨낼 때 소모되는 에너지가 의지력인 것이다.

따라서 20여 년간 살아오면서 형성된 우리의 사고방식과 행동들을 군대에 맞춰 바꾸는 과정에서 소모되는 우리의 의지력이 상당하고 그 때문에 그 이상의 것들, 예컨대 운동이나 공부 등을 하기보다는 적은 의지력으로도 충분히 가능한 혹은 아예 의지력을 필요로 하지 않는 낮잠이나 게임으로 시간을 때우게 되는 것이다.

이 말은 곧 우리가 이 의지력이라는 것을 효과적으로 관리할 수 있을 때 우리 자신을 변화시키고 우리가 세운 각자만의 목표를 향해 나아갈 수 있다는 뜻이기도 하다.

그렇다면 군대에서 우리의 의지력을 소모하게 되는 변화들에는 어떤 것들이 있을까?

기본권 보장의 변화

　앞서 언급한 자유의 제한과 비슷한 맥락의 '기본권 보장의 변화'는 대한민국 국방부에서 출간한 『정신전력교육 기본교재』에서도 중요하게 다루어지고 있는 부분이다. 군대 내에서의 기본권 보장과 제한에 대해 서술하는 해당 부분은 위 교재를 일부 참고 및 인용했다는 것을 밝힌다.

　'군복 입은 시민'이라는 말을 들어본 적 있는가? 군인도 한 사람의 엄연한 시민으로서 기본권을 보장받는다는 의미와 함께 군대의 가치와 특수성을 반영한다는 의미를 동시에 내포한 용어이다.

　이렇듯 군인들의 기본권과 같은 권리 보장을 위해 2015년에 제정된 『군인의 지위와 복무에 관한 기본법』(약칭 군인복무기본법)의 제1조에는 "국가방위와 국민의 보호를 사명으로 하는 군인의 기본권을 보장하고, 군인의 의무 및 병영생활에 대한 기본사항을 정함으로써 선진 정예 강군 육성에 이바지하는 것을 목적으로 한다"고 명시되어 있다. 또한 제10조에서는 "군인은 대한민국 국민으로서 일반 국민과 동일하게 헌법상 보장된 권리를 가진다"라고 규정함으로써 군인들에게 평등대우원칙, 사생활의 비밀과 자유, 종교생활 그리고 대외발표 및 활동의 자유를 보장해 주고 있다.

하지만 제10조의 2항에서는 헌법상 보장되어 있는 권리라 하더라도 '군사적 직무의 필요성의 범위' 내에서 제한될 수 있다고 명시되어 있다. 군인은 사적인 통신의 비밀은 당연히 보장되지만 군사 관련 정보를 누설하는 행위는 용납되지 않는다. 또한 대외활동에 있어서도 국방 및 군사 관련 사항에 대한 규정과 절차들을 준수해야 한다. 이뿐만 아니라 군인은 근로자와 달리 집단적 이익을 위한 결사와 집단행위가 금지된다. 전투 상황에서 집단적 명령 불복종 사태가 발생할 경우, 국가 안보에 걸림돌이 될 수 있기 때문이다.

"군인은 국군의 사명인 국가의 안전보장과 국토방위의 의무를 수행하고, 국민의 생명과 신체 및 재산을 보호하여 국가와 국민에게 충성을 다하여야 한다" 군인복무기본법 제20조에 대해서 국방부의 『정신전력교육 기본교재』는 "이러한 의무조항은 국민의 생명과 재산의 보호를 목적으로 하는 근대국가의 이념과 부합하지 않아 보인다. 그러나 군인의 충성은 자신의 가족이자 이웃인 다른 국민의 생명과 재산, 그리고 자유를 지키기 위한 것이라는 점을 생각한다면, 누군가 꼭 감당해야 하는 일이다. 군인이 헌법상 보장된 권리를 일정 정도 유예할 수밖에 없는 이유도 여기에 있는 것이다."라고 서술한다.

또한 군인복무기본법 제33조는 "군인은 정당이나 그밖의 정치단체의 결성에 관여하거나 이에 가입할 수 없다."라며 헌법에 의해 부여된 국민의 권리 중 하나인 정치적 참여 대신 지켜져야 할 군인의 정치적 중립에 대한 의무를 명시하고 있다.

실제로 2021년 6월 16일 군 당국에 의하면 제2작전사령부 보통군사법원은 한 병사가 군법상 상관인 대통령과 관련된 기사에 댓글로 모욕적인 내용을 작성하였다며 징역 6개월과 함께 선고유예 판결을 내렸다.

판결문에 따르면 이 병사는 2020년 7월 휴대전화로 페이스북에 접속한 뒤, 광화문 광장에서의 탄핵집회 관련 내용의 기사를 보고 대통령의 실명과 함께 '탄핵'이라는 댓글을 달았으며, 또한 같은 해 12월에는 코로나바이러스 감염증 역학조사에 대한 군 투입 관련 기사에 대통령을 비방하는 댓글을 달았다고 한다.

재판부는 "피고인이 군인 신분임에도 군 통수권자인 대통령에 대한 모욕적인 댓글을 페이스북에 게시해 군 기강을 문란하게 했다."라고 하면서 다만 "범행 당시 피고인은 대통령이 상관임을 진지하게 인식하지 못했던 것으로 보이고 다시는 범행을 저지르지 않겠다고 굳게 다짐하고 있는 등 유리한 정상도 참작했다"고 밝혔다.

이 실제 사례는 군인들에 대한 헌법상의 권리를 제한하는 점과 함께 군인들이 일정한 기본권보장을 제한받는 신분이라는 점을 제대로 인식하고 있지 못하다는 걸 보여준다.

이렇듯 군대의 특수성에 따른 '군사적 직무의 필요성의 범위' 내에서 제한되는 기본권들에 대해 이해하고 이에 익숙해지는 과정에서 우리의 의지력이 소모된다.

심지어 기본권 제한에 관한 구체적 규정들은 그 각각의 규정들이 제한하는 범위에 한해서만 영향을 미치는 것도 아니다. 예컨대, 정치에 전혀 관심이 없는 사람이라 할지라도 군인은 정치적 참여의 권리를 보장받는 대신 정치적 중립에 대한 의무를 지켜야 한다는 이야기를 들으면 심리적으로 위축되고 통제받는다는 느낌이 들 수밖에 없을 것이다.

특정 동네 출신의 사람들은 벌레로 만들어진 요리를 절대 먹을 수 없다는 규칙의 통제를 받는다거나 남성들은 머리를 허리까지 기를 수 없다는 규칙의 통제를 받는 상황을 상상해보라. 그 규칙들이 어떤 정당한 목적을 위해 존재하든 본인이 벌레로 만든 요리를 먹을 생각이 있든 없든, 머리를 허리까지 기를 생각이 있든 없든, 그러한 통제가 존재한다는 것만으로도 우리를 무기력하게 만들기에 충분하다.

사고방식의 변화

"깨어 있을수록 힘들고 아무 생각이 없을수록 편하다."

마음이 잘 맞는 동기 두 사람과 함께 군대에 대해 이야기를 나누다가 도출된 여러 결론 중 하나이다. 이 문장에서 '깨어 있다'라는 말은 아무 생각이 없다는 것과 대비되는 정신이 또렷하고 매사에 깨어 있는 자세를 의미한다.

그렇다면 이제 이 문장의 역설적인 성격이 눈에 들어올 텐데 우리도 그 역설성에 주목하여 이러한 결론을 도출했다.

그렇다면 왜 깨어 있을수록 더 힘들고 아무 생각이 없을수록 더 편할까? 사회에서는 다들 더 나은 무언가를 얻기 위해 공부하고 성찰하고 생각하는 사람들로 넘친다. '아무 생각 없다'는 표현은 멍청하고 무식하다는 부정적 의미를 내포하는 말이다.

그렇다면 사회에서는 긍정적인 것으로 여겨지는 '깨어 있음'과 부정적인 것으로 여겨지는 '아무 생각이 없음'의 차이를 살펴보자. 이 둘의 긍정과 부정이라는 대비성은 무엇으로부터 비롯되는지를 먼저 생각해보자면 일단 깨어 있는 사람이라는 말은 유식하고 지적이며 흠집 없는 자의 이미지를 가진다. 비도덕적인 상황을 보면 도덕적인 잣대를 들이밀고 불의를 보면 참지 못하고 정의를 찾고 비합리적인 것에는 합리성을 요구한다.

다시 말해 '더 나은' 혹은 '더 옳은' 의견이 있을 경우, 이를 언제든 제시하며 최소한 본인은 그 의견을 따른다. 반면 아무 생각이 없는 사람이라는 말은 앞날을 생각하지 않고 그저 흘러가는 대로 살아가며 본인의 주관이나 뚜렷한 자기 의사결정권을 행사하지 않는 느낌을 풍긴다.

문제는 여기서 시작된다. 앞서 말했듯이 깨어 있는 사람들은 어떤 상황에서 특정한 방식으로 먼저 주어져 있는 방법이나 의견 등이 있을 경우, 그보다 더 낫거나 더 옳은 의견을 언제든 제시하고 따른다.

하지만 군대라는 조직이 가지고 있는 특수성으로 인해 다양한 상황 속에서 방법을 찾거나 제시된 의견 등을 채택할 때 효율성이나 합리성은 최우선 고려사항이 아니다. 거의 모든 경우 군대의 핵심 체계라고 할 수 있는 상명하복, 즉 하향식 의사결정으로 특정 상황에 적용할 방법과 의견 등이 정해진다.

따라서 군대 내에서 비교적 깨어 있는 사람들이란 군대 내의 체계와 여러 상황에서의 결정에 대해 더 효율적이고 합리적인 방법은 없는지 끊임없이 생각하며 제거할 수 있는 비효율성과 비합리성을 찾아내는 사람들을 말한다.

하지만 이를 다른 부대원들과 공유하는 행위는 상급자의 의견이나 군대 내에 오랫동안 자리 잡은 방식에 대해 비효율적이고 비합리적이라고 주장하는 것처럼 보일 수 있으므로 쉬운 일이 아니다.

국방부는 『정신전력교육 기본교재』에서 군인복무기본법 제39조인 '군인은 군과 관련된 제도의 개선 등 군에 유익한 의견이나 복무와 관련된 정당한 의견이 있는 경우에는 지휘 계통에 따라 단독으로 상관에게 건의할 수 있다'는 조항을 바탕으로 하급자라 하더라도 직무상 명령에 대한 불이익이 예상되거나 불법 명령이라는 판단이 들 때는 상관에게 명령의 취소 및 유보를 건의할 수 있도록 한다고 적었다.

하지만 이어 "그러나 이러한 의견 개진조차도 상명하복을 중시하는 군대 분위기에서 제대로 실행하기는 어렵다. 경우에 따라서 이러한 태도는 상급자의 권위를 침해하는 것으로 오해될 수 있기 때문에 사소한 건의조차도 적지 않는 용기가 필요할 것이다."라고 말하고 있다.

따라서 깨어 있는 사람이라고 하더라도 의견을 제시하는 것조차 눈치를 봐야 하는 조직의 생리상 그저 마음에 묻어두고(혹은 투덜거리며) 주어진 방식대로 일을 진행할 수밖에 없다.

반면 아무 생각이 없이 그저 흘러가는 대로 따라가는 사람들은 당연히 군대라는 특정 상황에 대해서는 더 효율적이거나 합리적인 방안을 굳이 찾아내려고 하지 않는다. 그저 정해진 일을 주어진 방식에 따라 묵묵히 해나갈 뿐이다. 여기저기 존재하는 비효율성이나 비합리성으로 인한 불편함을 느끼지도 않고, 더욱이 자신의 의견을 자유롭게 제시하지 못한다고 해서 스트레스를 받지도 않는다. 그러니 "깨어 있을수록 힘들고 아무 생각이 없을수록 편하다"는 말은 어쩌면 당연하다.

'군대라는 조직에서, 비교적 깨어 있는 사람들'은 사회에서 보낸 지난

20여 년의 시간을 효율과 합리성을 추구하며 자신의 의견을 자유롭게 표현해온 사람들일 가능성이 크다. 그만큼 이러한 사고방식은 바꾸기가 쉽지 않다.

하지만 아무리 그런 사람들이라고 해도 여러 상황들 속에서 끊임없이 발생하는 갈등에 의해 점차 사고를 조금씩 바꿔 가게 될 가능성이 크다. 주어진 방식이나 의견이 가지고 있는 효율성과 합리성을 평가하는 사고방식은 저절로 이루어지겠지만 이를 말로 전달하는 데 있어서는 "그냥 정해진 대로 하자."라든가 "군대에서는 상명하복의 원칙을 준수하자." 등과 같은 생각으로 이어지게 된다는 것이다.

그래도 이 부분에 대해 『정신전력교육 기본교재』에서 긍정적인 전망을 찾아볼 수는 있다. 이 교재는 명령과 복종에 대해 "과거에는 명령에 대한 무조건적인 복종이 요구되었지만, 첨단무기와 정보화 전력에 기반을 둔 비선형 전투가 중시되는 현대전의 특성상 자발적이고 창의력이 발휘된 복종이 강조되고 있다. 상관의 일방적인 지시에 의해서가 아니라 보다 자발적이고 창의적으로 자신에게 주어진 임무를 수행할 것이 요구된다."라면서 조금은 변화된 복종 자세를 제시함과 동시에 의견 개진의 어려움에 대해서는 "이러한 어려움을 덜어주기 위해서는 지휘관들이 평소에 부하들의 의견을 물어보고 자신의 결정에 반영하는 모습을 보여주어야 한다. …(중략) 전투 상황이라면 말할 나위도 없지만, 일상적인 부대 생활에서도 직무에 따른 것이라면 상명하복의 원칙은 철저히 지켜져야 한다. 그럼에도 더 나은 판단을 위해 병사들의 목소리에 귀 기울이는 것 또한 중요하다."라고 적고 있다.

뒤에서 명령과 복종에 대해 더 넓은 범위의 이야기를 할 예정이지만 우선은 추후 더 개방적이고 창의적인 요소들이 상명하복의 체계 내에 적절하게 자리 잡기를 기대한다.

사고방식의 변화를 요구하는 지점은 또 있다. 그것은 나이 문화로부터의 탈피임과 동시에 새로운 계급사회로의 진입이기도 하다.

현재 나이 문화의 영향력이나 장단점은 제쳐두고 나이 문화 자체가 우리의 삶 속에 자연스럽게 녹아들어 있는 것은 사실이다. 중고등학교 시절은 물론이고 대학 생활이나 아르바이트 매장 등에서도 우리는 자연스럽게 나이가 한 살이라도 많으면 보통 형, 오빠, 언니, 누나라고 부르며 연장자에 대한 일종의 암묵적 예의를 지킨다.

하지만 모두가 알다시피 군대에서 나이란 없다. 나이가 다섯 살 어린 선임이든 다섯 살 많은 선임이든 똑같은 선임이며 후임이다. 나도 훈련소를 수료한 뒤 현재 복무 중인 부대로 전입을 온 지 5분 만에 처음으로 혼이 났던 기억이 있다. 다름 아닌 나이 관련 문제 때문이었다.

같은 훈련소를 수료하고 같이 전입을 오게 된 전입 동기가 2명 있는데, 모두 나보다 한 살 많은 형이다. 우리는 자대에 도착한 후 일단 짐을 풀어놓기 위해 배정받은 생활관으로 들어갔는데, 생활관에 있던 선임이 내게 "너부터 어느 자리를 쓸지 정하라"고 말했고, 나는 "아, 다른 형들이 먼저 정하면 남는 자리 쓰겠습니다." 라고 했던 것이다.

군대에서는 나이가 없다는 걸 알고는 있었지만 이미 나이 문화 속에 20년 정도를 살아왔을 뿐 아니라 훈련소에서도 같은 생활관 동기들 중

나보다 나이가 많은 사람들에게는 형이라고 부르는 것에 익숙해져 있었던 탓이었다.

이렇듯 몸에 익어 있던 나이 문화를 지우고 '군번'으로 선후임이 나뉘는 계급사회에 적응하는 과정에서 우리는 또 하나의 사고방식의 변화를 요구받는다. 나는 비교적 빨리 입대를 한 편이라서 내 선임 중 나와 나이가 같거나 어린 사람은 없었다. 그만큼 내 후임 중에 나보다 나이가 많은 사람이 많다는 말이기도 한데 이런 상황이다 보니 가끔 후임들이 자신보다 어린 내 나이를 의식한다는 느낌을 종종 받고는 한다. 나는 이럴 때마다 그 후임들이 나이 때문에 신경을 쓰는 모습이 거슬린다기보다는 오히려 그들의 입장이 신경 쓰이고 계급 체계에 적응하기가 참 어렵다는 생각을 하곤 하였다.

전역한 내 선임 중에는 29세에 입대한 선임도 있었고 내 동기 중에는 26세에 입대해 현재 27세인 동기도 있는데, 이들은 모두 농담처럼 자신의 나이를 언급하며 "내가 이 나이에 이런 대접을 받아야 하나." 라든가 "나보다 ○살 어린 애가 나한테 이러네."라는 식의 말을 종종 하곤 했다. 다시 말해 후임들보다 나이가 적은 사람이든 선임들보다 나이가 많은 사람이든 기존에 익숙해져 있던 나이 문화를 완전히 잊고 '군대에서는 나이가 상관 없다.' 라는 생각을 온전히 받아들이면서 이 계급 체계에 완벽히 적응하는 것은 절대 쉬운 일이 아니라는 것이다.

군대에서 겪게 되는 우리의 사고방식 변화 중 군대 집단에서도 의도

하지 않았을 뿐 아니라 동시에 우리에게 가장 큰 피해를 주는 변화가 있다. 바로 군대 체계에 기반한 자기 합리화이다. 여기서 합리화란 자신의 심리적 안정을 위해 사용하는 방어기제 중 하나로 '불합리한 태도, 생각, 행동을 합리적인 것처럼 정당화시킴으로써 자기만족을 얻으려는 방법'을 의미한다.

군대 체계를 근거로 합리화를 하는 유형에는 많은 것들이 있다. 후임들을 부조리하게 대하거나 점점 더 나태해지는 자신을 정당화하는 데 사용되는 것이 대표적이다.

부조리와 나태함은 조직의 정의와 규율이라는 문제 외에도 조직에 소속된 개인의 자존감에 있어서도 악영향을 끼친다. 자신의 자존감이 공격받으면 방어기제가 발휘되기 마련인데, 이 과정에서 많은 병사들은 군대 내에 존재하는 다소 억압적인 규율과 불필요한 관습들을 핑계 삼아 자신의 행동을 정당화한다.

하지만 이를 일종의 자기 합리화라고 인식하지조차 못하는 경우가 대부분이며, 부조리와 나태함을 용인해 주기 위해 규정되고 유지되는 요소들이 아님에도 그것들을 핑계 삼아 본인의 부조리한 행동을 합리화하는 과정은 그 개개인들에게도 큰 피해가 아닐 수 없다.

그뿐만 아니다. '군기를 잡는다'는 이유로 후임들에게 부조리한 행위를 일삼는 선임병들이 '군기'라는 단어의 군사 용어적 의미에 대해 이해하고 있는지도 의문이다. 군기의 사전적 의미는 '어떠한 환경 하에서도 복종과 일정한 행동을 자율적으로 하는 정신적 태도 및 사기와 훈련 상태'를 말한다. 군기를 잡기 위해서라면 부조리 또한 용인할 수 있는 것인지에 대한 문제는 제쳐두고라도 대다수 선임병들이 '군기를 잡기 위해' 후임병에게 자신의 빨래를 맡기고 안마를 시키는 것인지는 의문이다.

군대의 상명하복 체계와 부조리 악습 문화 속에 자리 잡은 우리의 합리화가 엄밀히 따져 보면 우리의 의지력을 소모시키는 사고방식은 아니다. 합리화란 것 자체가 우리가 의지력을 통해 직접 사고하고 해결해야 할 문제들을 회피하고, 책임을 전가하는 등의 행위를 정당화하는 수단이기 때문이다.

따라서 합리화를 하는 과정 자체에서 소모되는 의지력이 있다고 보기는 힘들지만 그렇다고 해서 의지력에 부정적인 영향을 미치지 않는다는 것은 아니다. 본인이 해야 할 일을 다른 사람들에게 떠넘기고 본인이 세운 목표를 달성하기 위해 노력하지 않는 자신을 반성하기보다 이를 정당화하는 행위는 자신을 더 나태하게 만들 뿐이기 때문이다. 이러한 면에서 군대 체계에 기반한 합리화는 우리가 의지력을 끌어올리고 그것을 효과적으로 사용하는 과정 자체를 어렵게 만든다.

행동양식의 변화

기본권보장과 같은 우리를 둘러싸고 있는 제도적 환경 변화에 따라 사고방식이 바뀌어야 하는 것처럼 행동에서도 변화를 요구한다. 정해진 일정대로 움직여야 할 일과표는 차치하고 우선 사용하는 단어와 말투의 변화부터 요구받는다. 각종 드라마와 영상 등을 통해 많이 알려진 것처럼 소위 '다나까' 말투를 사용하는데, 여기서 '나'는 'or'을 의미한다. 따라서 "지금 출발하겠습니다." "지금 출발하면 되겠습니까?"처럼 '다'나 '까'로 말을 마쳐야 하는 것이다. 이렇듯 언어 표현에 제약이 생기자 "~지 말입니다." 라는 어색한 말투도 등장하게 됐다. 일상생활에서 사용하는 말 중 '다'나 '까'로 끝낼 수 없는 문장들이 존재하기 때문이다.

군대에서 이러한 일상적이지 않은 어색한 말투를 사용하는 이유는 간결성과 명확성을 최우선 순위에 두기 때문이다. 매우 혼란스럽고 급박할 수밖에 없는 전시 상황을 예상한다면 의사소통은 최대한 짧고 명확해야 한다.

언어 사용의 변화는 말투에만 있는 것이 아니다. 우리가 일상에서 사용하던 용어들도 군대 내에서는 다른 용어로 대체된다. 헬스장이나 체육관이라는 말 대신 체력단련실이라는 단어를 사용하고 아침 점심 저녁이 아닌 조식, 중식, 석식이라는 단어들을 사용하며 컴퓨터실은 사이버 지식 정보방이라고 부른다.

이러한 언어 사용을 통제하는 이면에는 병사들의 무의식에 사회와 군대를 경계 지으려는 의도도 숨어 있을 테지만 그 의도가 무엇이든 간에 이러한 언어 사용의 변화 또한 우리의 의지력을 소모시키는 부분임에는 틀림이 없다.

물론 정해진 일과표에 따른 반복되는 일상과 제한적인 공간 내에서만 행동할 수 있다는 제약 그리고 밥을 먹는 방식, 샤워하는 방식, 옷을 정리하는 방식뿐 아니라 훈련소에서는 심지어 걷고 앉는 방식까지도 바꾸도록 요구받는다.

그렇다면 우리는 이렇게 군대에서 규율과 교육을 통해 노골적으로 요구하는 부분에서만 행동의 변화를 가져가면 되는 것일까? 물론 그렇지 않다. 언어 사용이 통제되고 가장 기본적이고 일상적이라고 여겨졌던 행동들에서의 변화까지 요구받다 보면 그 변화에 따른 영향력은 그 변화에서만 그치지 않는다.

군대의 계획적인 의도인지는 확실치 않지만 병사들의 언어와 걸음걸이, 자세 등 가장 기본적인 요소들을 변화시킴으로써 그 이외에 군대가 요구하는 변화들 역시 쉽게 받아들이도록 만든다. 기본적 요소들의 변화가 그것의 연장 선상에서 다른 변화들을 불러일으킴과 동시에 다른 변화들이 일어날 환경도 조성하는 것처럼 보인다.

일단 그 연쇄적인 변화들은 우리가 제일 처음 겪는 행동적 변화인 마음의 준비와 이발부터 시작된다. 입영 날짜가 얼마 안 남았을 때부터 우리는 마음의 준비를 하고 주변 사람들과 모여 밥도 먹고 놀기도 하면서 작별 인사를 나눈다. 그 뒤 흔치 않은 일명 '군인 머리'로 이발을 하고 훈련소로 향한다. 훈련소에 도착해 입대하는 그 순간, 즉 훈련소 안에 발을 딛는 순간부터 우리는 누군가의 하급자가 된다. 처음 보는 조교들이 내게 반말을 하며 지시를 내린다. 그들은 우리를 '재사회화'(이 부분에 대해서는 뒤에 더 얘기해볼 것이다)하기 위해 다양한 측면에서 여러 방법들을 사용하는데, 이 과정에서 사회에서의 나와 비교했을 때 많은 변화를 겪는다.

이러한 경험들을 바탕으로 우리는 군대 내에서 법적으로 요구되지 않는 변화들뿐만 아니라 더 다양한 경우를 포함하자면 각 부대의 관습적인 변화들까지 겪게 된다.

이런 관습은 부대마다 다르기도 하고 공통적인 부분이 있기도 한데, 군대가 가지고 있는 고질적인 문제 중 하나인 부조리 문화도 이러한 부대별 관습의 형태를 띤다. 사회에서는 겪어볼 수 없었던 부조리 행위는 그런 행위가 만연한 집단 내에 잘 녹아들어 적응하고 그런 행위에 순응하도록 우리 사고방식뿐 아니라 행동적인 측면에서의 변화도 요구한다. 부조리 행위가 만연해 있는 사회 속에서 살아가며 부조리 행위들을 직접 접하는 것은 일반인의 입장으로 보면 그 자체로 힘든 일이다.

하지만 이 행위를 직접 겪고 심지어 몇몇 병사들은 본인이 직접 부조리 행위를 함으로써 그 상황을 정당화하고 자신의 행동을 합리화하는데, 여기에 불필요한 의지력이 소모될 수 있다.

군대에서의 행동 변화에 대해 특히, 주목할 또 한 가지는 군이 가지고 있는 규율과 관습에 따른 변화들을 수용하는 과정에서 나 스스로에 의한 추가적인 변화를 겪는다는 점이다.

새로운 사회에서 새로운 규율과 관습을 접하는 것은 절대 쉬운 일이 아니다. 이러한 환경에서 이 새로움에 적응하는 방법은 단지 자신을 변화시키는 것뿐이라고 배운 병사들은 상당히 다양한 분야에서 요구받지 않은 변화들도 가져간다.

별다른 논리적 이유 없이 그저 선임들의 눈치가 보인다며 특정 행동을 하지 않는다거나, 다른 사람들은 하지 않는 행동이기 때문에 특정 행동을 하지 않거나, 이런 행동을 하면 날 좋게 봐 줄 것 같다며 특정 행동을 반복하는 등의 이유가 있는 이 '자발적 변화' 역시 군대에서의 행동 변화 중 하나다.

앞서 '규율과 관습이 요구하는 변화들에 의한 나 스스로의 추가적인 변화'라고 서술했다. 나는 이 자발적 변화가 개인적, 집단적으로도 그 누구도 요구하지 않은 면에 대해 병사 개인의 과도한 판단으로 진행되는 비합리적 행위라고 단순히 치부하지는 않는다. 분명 병사 개인으로 하여금 자발적인 변화를 가져가도록 하는 부대 내의 분위기나 특정 사례들이 있었기 때문이며 이 역시 그 어떤 비합리적 행위들과 마찬가지로 병사들의 의지력을 불필요한 곳에 소모하도록 하는 일이라고 할 수 있을 것이다.

인간관계의 변화

　군 생활이 사회와 가장 다른 점 중 하나는 바로 인간관계다. 지금 이 글을 읽고 있는 독자들도 각자 사회에서 가장 오랜 시간 함께 한 지인들에 대해 떠올려보라. 장담컨대 분명 독자들의 가족이나 절친한 친구 또는 연인 등 가깝고 소중한 사이일 것이다.

　하지만 군대에서 우리와 가장 오랜 시간을 보내는 사람들은 누구일까. 이 지역 저 지역으로부터 모여든 낯선 사람들이다. 우리는 그들과 함께 일하고 쉬고 놀고 운동하고 먹고 씻고 청소하고 잔다. 몇 개월 차이가 나지 않는 선후임 관계이거나 동기라면 1년 넘는 시간을 그렇게 보내게 된다. 단순히 무작위성이라는 점만으로는 문제가 되지 않는다. 무작위로 만난 많은 사람들 중에는 분명 우리와 맞는 사람부터 맞지 않는 사람까지 그리고 우리 마음에 드는 사람부터 들지 않는 사람까지 심하면 존경스러운 사람부터 혐오하게 되는 사람까지 있을 수 있다. 진짜 중요한 점은 그들 모두와 수 개월을 함께 살아야 한다는 것이다.

　사회에서와 달리 군에서는 주위 인맥을 내 의지로 관리할 수 없다. 새로운 관계를 맺고 기존의 관계를 끊을 수 있는 선택지가 군대 내 인간관계에서는 존재하지 않는다. 누군가와 사이가 조금이라도 틀어지면 복도와 화장실 그리고 식당 등에서 마주칠 때마다 신경이 쓰인다. 더 괴로운 것은 그 사람과 함께 군 생활을 할 날이 앞으로 최소 몇 개월은 더 남아 있다는 것이다.

많은 사람들은 말년 병장이 되어 후임들만 있을 때가 가장 편안할 것이라 생각하기 쉽다. 하지만 실제로 육체적 정신적으로 가장 편안함을 느끼는 순간은 다름 아닌 동기들과 있을 때다. 실제 내가 복무 중인 부대에서도 병사들이 근무표를 만들고 있는 병사나 소대장님께 가능하다면 동기와 함께 근무를 서게 해달라고 부탁하는 경우가 자주 있다. 원래 함께 근무를 서기로 되어 있던 사람이 후임이라 할지라도 말이다.

그렇다면 이 이유는 무엇일까. 후임은 내가 원하는 주제로 대화하며 내 말에 맞장구도 쳐 주고 예의를 갖춰 나를 대우해 준다. 힘든 일이 생기면 알아서 도맡아 하기도 한다.

그럼에도 왜 우리는 나이와 상관없이 서로 반말로 대화를 나누고 내 말을 반박하기도 하고 가끔은 짜증도 내며 하기 싫은 일은 서로 미루는 동기와 있을 때 더 편하다고 느끼는 것일까.

군대에서 동기란 사회에서의 친구와 같은 존재다. 우리는 아주 어린 시절부터 또래 친구들과 어울리며 살아왔고, 그래서 '인간관계'라고 하면 가장 먼저 떠오르는 것이 친구들, 또래들 사이의 관계이다. 그만큼 동기란 존재는 우리가 기존에 익숙해져 있던 사회에서의 친구와도 같다.

하지만 선임이나 후임들과의 인간관계는 그동안 경험해보지 못했던 관계다. 후임들과의 관계는 사회에서 만났던 동생들이나 후배들과 같은 관계가 아니며, 선임들과는 사회에서 만났던 형들이나 선배들 혹은 선생님 같은 관계도 아니다. 바로 이러한 점에서 우리는 동기들과 있을 때 사회에서 친구들과 함께 있던 것 같은 느낌을 받으며 편안함을 느끼게 되고 자연스럽게 행동하게 된다. 가장 나다운 말투와 나다운 몸짓으로 편하게 대화하고 장난치고 웃을 수 있는 순간이기 때문이다.

하지만 이미 말했듯이 군대에는 다양한 사람들이 선임과 후임으로 존재하며 우리는 이들과 긴 시간을 함께 살아가게 된다.

연세대학교 대학원 인지과학 박사 김상균 교수는 저서를 통해 인간관계에 대해 현실 세계와 소셜미디어를 비교하며 다음과 같이 말했다.

"우리는 소셜미디어 메타 버스에서 발생하는 인간관계와 소통에서 현실 세계와는 다른 통제감을 느낀다. 소셜미디어에서는 '내가 결정하면 언제라도 끊어버릴 수 있어.' 라는 강한 통제감을 갖고 있다. 그러나 현실 세계에서는 그렇지 않다. 위와 같은 생각으로 마음의 평화를 찾는 것을 통제감 효과라 부른다. 통제감 효과를 바탕으로 메타 버스에서 마음의 평온을 느끼는 이들을 보면, 이 시대의 우리가 현실 세계 인간관계를 너무 무겁게 짊어지고 사는 건 아닌가 하는 생각이 들기도 한다."

현실 세계와 비교했을 때 소셜미디어에서는 자신의 통제 아래 인간관계를 끊고 맺는 것이 매우 간편하다. 그래서 메타 버스 내에서의 인간관계는 통제력을 토대로 편안하게 느끼고 현실 세계의 인간관계는 그런 통제력의 상실로 불안하고 불편함을 느낀다는 것이다. 김상균 교수가 소개한 소셜미디어 메타 버스가 인간관계에 대한 통제력이 극에 달해 있는 세상이라면, 우리가 살아가야 할 군대는 인간관계에 대한 통제력이 아예 소멸한 세상이다.

그만큼 우리가 군대에서 우리와 잘 맞지 않는 선임들의 눈치를 보고 마음에 들지 않는 후임들의 적응을 도와줘야 하는 상황은 우리에게 힘들 수밖에 없다는 의미이다.

그뿐 아니라 운이 좋게도 우리 자신과 잘 맞는 선후임을 만났다고 하더라도 특정한 말투를 사용하며 특정 행동만 할 수 있는 군대 안에서는 사회에서의 친구나 형, 동생 같은 관계처럼 허물없고 편안한 인간관계로 발전하기는 힘들다. 항상 두 사람 사이에 일정한 벽이 존재하는 느낌이 들기 마련이다. 심지어는 한 후임이 특정 선임과 평균 이상으로 친해지는 모습을 보이면 다른 선임들이 이를 지적하고 문제를 삼는 경우도 있다.

그리고 대부분의 사람들이 군대를 힘들어하는 이유 중 하나인 남성들만의 관계라는 점도 있다. 당연하게도 군대에서 맺어지는 모든 인간관계는 남자들끼리의 관계이며 여기서 비롯되는 외로움이나 지루함 등도 군대에서의 인간관계가 힘든 이유 중 하나일 것이다. 단순히 이성의 부재로부터 오는 스트레스뿐만 아니라 남자로만 구성된 무리 특유의 분위기나 문화에 잘 맞지 않는 사람들도 분명 존재한다. 이렇듯 다양한 인간관계에서의 변화들 또한 우리의 많은 의지력을 요구하는 것이다.

CHAPTER 3

군대가 가지고 있는
문제점들

무기력한 수감자를 낳는 환경

국가의 안보를 책임지는 군대라는 집단에 대한 문제점을 지적하고 책임을 묻는 일은 분명 내겐 과분하다. 당연히 부담스러운 일이다. 하지만 국가 안보라는 엄중한 책임을 수행하고 있는 필수적인 집단이기에 내가 어떤 위치에 서 있든 내가 속해 있는 조직의 발전을 위해 내가 서 있는 위치에서 보이는 문제점들에 대해 지적하는 것도 의미 있다고 생각하게 되었다.

지극히 주관적인 생각일 수도 있겠지만 군대가 어떻게 병사들을 열정적인 애국자가 아닌 무기력한 수감자로 만들고 있는지 최대한 객관적 시각으로 이야기해보고자 한다. 국민 한 사람 한 사람이 국가에 대한 문제점을 지적하고 개선을 요구하는 목소리를 내는 것이 굉장히 자연스러워진 만큼, 자신이 속한 군대라는 조직에 대해 대에 같은 과정을 밟는 것도 자연스럽고 한편으로는 자랑스러운 일이라고 생각한다.

우리는 앞서 군대가 우리에게 요구하는 변화들에 대해 이야기했다. 그 변화들에 대해 논의를 전개한 방식이 다소 부정적인 관점으로 보일 수도 있을 텐데, 이는 병사들의 의지력을 '소모'한다는 측면에서 이야기를 풀어갔기 때문이다. 기본권보장과 행동 양식에서의 변화는 특수성을 지닌 군대라는 집단에서 필수적이며, 사고방식과 인간관계에서의 변화는 군대가 병사들에게 변화를 강요하는 부분이 아니다.

하지만 그 변화들이 군대가 가지고 있는 문제점인지 아닌지와는 관계없이 병사들의 의지력을 소모해 그들이 더 생산적이고 보람찬 군 생활을 보내도록 도움을 주지는 못한다는 지적은 타당하다고 생각한다. 즉 '병사 개인적 관점에서의 문제점'만 존재하는 것은 아니다. 다시 말해 병사 개개인의 측면에서뿐 아니라 군대라는 조직의 관점에서도 역효과를 가져오는 요소들이 존재한다는 것이다.

앞서 언급한 네 가지 변화들에 대해서는 "병사들에게 정치 참여의 자유를 보장하라."라든가 "군대에도 나이 문화를 도입해 병사들로 하여금 더 익숙한 환경에서 지낼 수 있게끔 하라." 혹은 "선후임 관계를 없애고 모두를 동기로 취급해 더 편안한 분위기를 조성하라"는 등과 같은 주장을 할 수는 없다. 국방이라는 궁극적 목표를 달성하기 위한 효율을 해칠 수 있어 군대라는 특수 집단에 해가 되는 방안이기 때문이다.

그러나 병사 개개인들과 군대라는 집단 모두에게 문제가 될 만한 요인을 제공하는 지점에 대해서는 충분히 새로운 대안을 제시하고 개선을 요구할 수 있다고 믿는다. 이 글을 읽다 보면 알게 되겠지만 나는 군대의 문제점 이후에 우리들의 문제점 또한 지적하며 우리 자신의 문제점을 군대의 문제점보다 더 중요하게 여기는 관점을 제시한다. 우리가 우리 문제점에 집중하고 이를 해결한다면 군대의 문제점들에 휘둘리는 대신 바람직하고 보람찬 군 생활을 할 수 있다고 생각하기 때문이다.

그럼에도 군대라는 집단 자체가 가지고 있는 구조적인 문제점을 우리 개개인이 가지고 있는 문제점에 앞서 먼저 짚고 넘어가는 이유는 더 나은 군대 문화에 대한 바람은 물론이거니와 무엇보다 개인이 집단에 의해 큰 영향을 받는다는 당연한 사실 때문이다.

우리는 어떤 새로운 집단에 속하게 되었을 경우, 그 집단의 규율과 문화를 배워가는 과정에서 다른 구성원들을 보고 사고하고 행동을 결정한다. 이렇듯 우리는 어떤 집단에 속할 경우 그 집단에 온전히 속하고 싶다는 소속감과 그 집단의 규범을 따라야 한다는 의무감이 함께 작용하는데, 이는 문제가 될 수 있다.

이러한 문제에 대해 프랑스 작가인 샹포르는 "여론은 모든 의견 가운데 최악의 의견이다." "모두가 다 가지고 있는 생각, 어디서나 받아들여지는 관념은 어리석은 것이라고 믿어도 좋다. 다수에게 호소력을 가질 수 있는 것이기 때문이다." 라고 지적했다.

자기계발 전문가인 제임스 클리어는 이렇게 말한다.

"집단이 하는 행동은 종종 개인이 욕망하는 행동을 제압한다. 예를 들어 어느 집단에서 효율적으로 땅콩을 쪼개는 방법을 습득한 침팬지는 그보다 덜 효율적인 방법을 사용하는 새로운 집단으로 옮겼을 때, 그 무리에 섞이기 위해 전에 사용하던 훨씬 나은 방법을 사용하지 않는다. 인간 역시 마찬가지다. 우리는 집단의 규범을 따라야 한다는 어마어마한 내적 압력을 받는다. 무리의 일원이 되는 건 종종 논쟁에서 이기는 것, 똑똑해

보이는 것, 진실을 찾아내는 것보다 보상이 훨씬 크다. 대부분 우리는 홀로 옳은 길을 따르기보다 집단과 함께 잘못되는 길을 선택한다."

두 사람이 공통적으로 언급한 집단적, 사회적 영향력은 기본적으로 두 가지 범주로 나눌 수 있다.

첫 번째는 수많은 사람들이 취하는 행동이나 사고가 우리에게 최선이 되는 행동이나 사고가 무엇인지에 대해 정보를 전달하는 것이다.

두 번째 범주에는 동료 집단의 압력이 포함되는데, 타인이 자신을 어떻게 평가할지 신경 쓰는 성향이나 타인이 자신의 행동을 주목한다는 착각 등으로 인해 그들의 분노를 피하고 환심을 사기 위해 그들의 생각이나 행동을 따르기도 하는 것 등이다.

이렇듯 우리 개개인은 집단 그 자체와 이미 집단에 의한 영향을 받은 다른 구성원들에게까지 영향을 받게 된다. 이러한 사실을 고려했을 때 군대라는 집단에 존재하는 문제점들이 우리에게 끼치는 영향력을 가장 먼저 살펴보는 것은 자연스럽다.

군대의 문제점을 파악하고 우리 개인은 이를 인식함과 동시에 그 속에서 우리가 취할 수 있는 방안을 모색하고, 군대는 이 문제점들의 해결을 통해 더 나은 군대와 더 건강한 군인들을 기대해야 할 것이다.

그렇다면 이제, 군대에 존재하는 여러 문제점들 가운데 다른 문제점들이 발생할 만한 환경을 조성하는 가장 거대하고도 근본적인 문제인 '보여주기식 문화'를 먼저 살펴보자.

'보여주기식' 문화

알랭 드 보통은 "여론에 결함이 있는 것은 공중이 이성으로 자신의 생각을 엄격하게 검토하지 않고, 직관, 감정, 관습에 의존해버리기 때문이다." 라고 적었다.

직관, 감정, 관습 모두 군대에서 일어나는 각종 문제들과 연관이 있다.

하지만 개인적 그리고 집단적 차원에서의 비효율적인 상황을 가져오는 군대의 가장 고질적이면서도 개선의 여지가 농후한 부분, 즉 우리가 가장 먼저 주목해야 할 부분은 관습이다. 한 집단의 관습은 그 집단의 문화와도 같으며 그 문화적 배경 위에 모든 것이 세워지기 때문이다.

노벨경제학상을 받은 리처드 탈러는 "사회적 관습과 그것을 반영하는 법률들이 종종 고수되는 것은 그것들이 현명해서가 아니라 종종 자기통제 문제를 겪는 인간들이 단순히 다른 인간들을 따라 하기 때문이다. 타성과 늑장 행위 그리고 모방이 종종 우리의 행동을 조종하기 때문이라는 얘기다." 라고 적었다.

나는 앞서 집단이 가지는 사회적 영향력과 다시 그 영향을 받은 집단 구성원들이 가지는 영향력이 우리 개인에게 미치는 악惡효과를 언급했었는데, 그러한 악효과로 인해 바람직하지 않은 관습들이 유지될 수 있다는 점을 리처드 탈러는 지적하고 있다.

알랭 드 보통은 위와 같은 내용을 전개하면서 샹포르의 말을 인용했다.

"어디에서나 가장 터무니없는 관습과 가장 어처구니없는 의식들이 '하지만 그것이 전통이야.' 라는 말로 용인되고 있다. 유럽인이 남아프리카 호텐토트 사람들에게 왜 메뚜기를 먹고 몸에 붙은 이를 삼키느냐고 물었을 때 그들도 바로 그런 말을 했다. '그것이 전통이오.'"

나는 내가 군대에 대해 가지고 있는 의문들로 위 문장을 재구성해보았다.

"어느 부대에서나 가장 터무니없는 관습들과 부조리들이 '하지만 그것이 전통이야.' 라는 이유로 대물림되고 있다. 왜 군대에서는 대부분의 일들이 효율성과 합리성보다는 가시적인 결과물, 즉 '보여주기식'으로 진행되며 이해할 수 없는 병사들 간의 규칙이나 부조리는 왜 존재하는 것인지, 그리고 매일같이 외치는 '육군 복무신조'와 '병영생활 행동강령'은 왜 상황에 따라 무시되는 건지 물었을 때 그들도 그런 말을 했다. '그것이 전통이야.'"

전통이라는 이유로 개선되지 않고 있는 많은 관습들 그리고 그 관습들이 자리 잡은 문화부터 바꾸어야 한다. 문화라는 근본적인 환경부터 개선하기 시작할 때 우리는 다른 문제들도 효율적이고 합리적인 방향으로 해결할 수 있을 것이다.

그렇다면 군대의 문화는 무엇인가. 군의 체계인 계급문화나 군의 정신적 뿌리인 위국헌신 등도 대답이 될 수 있겠지만 우리에게 현재 문제가 되고 개선이 시급한 단 하나의 문화는 바로 '보여주기식' 문화다.

군 생활을 해본 사람이거나 현재 군 복무 중인 사람들은 모두 알고 있을 용어 중 하나가 '보여주기식'이다. 그만큼 우리 군대에는 '보여주기식' 문화가 만연하다. 군대의 '보여주기식' 문화를 처음 접하게 되는 곳은 역시나 훈련소다.

훈련소 조교들이 훈련병들에게 '보여주기식' 문화를 강요하는 첫 번째 경우는 훈련소에서 훈련이나 휴식시간에 사진 촬영을 할 때이다. 이 사진을 찍는 목적은 부모님들이 자식의 생활 모습을 볼 수 있도록 게시하기 위해서다. 조교들은 항상 이렇게 말한다.

"너희가 웃지 않고 울상이거나 힘들어하는 표정을 지으면 부모님들 마음이 어떠시겠냐. 좀 더 웃어라."

물론 대부분의 훈련병들이 힘들어하는 표정을 통해 부모님께 자신의 상황을 전달하고자 하거나 부모님을 걱정하도록 해드리고 싶은 생각은 없겠지만 그 조교들이 정말 부모님들께서 걱정할까 신경 쓰며 우리에게 웃으라고 강요하는 것인지는 모르겠다.

"너희가 그런 모습을 보이면 우리는 뭐가 되냐."

이것이 진심은 아닐까.

내가 훈련소에 있었을 때의 일이었다. 입소한 뒤 2주 동안은 하루에 500ml 생수 한 병씩만 보급되었다. 나를 비롯한 몇몇은 물을 비교적 적게 마시는 탓에 관물대에 생수 5병씩이나 넣어두기도 했지만, 문제는 생수 한 병으로는 부족한 사람들이었다. 우리 생활관의 경우엔 물이 남은 훈련병들이 물이 부족하다는 동료들에게 물을 양보해 해결했지만, 우리와 같은 방식으로 문제가 해결되지 않는 생활관도 분명 존재했다. 참고로 복도에 정수기가 있었으나 조교와 간부들만 사용 가능하다면서 훈련병들의 사용을 금지한 상태였다.

훈련소 초기에는 날마다 전원이 복도에 집합하여 담당 간부가 여러 가지 안내사항을 말한 뒤 자진 퇴소를 희망하는 인원들이나 애로사항에 대해 조사하곤 했다. 이때 몇 명의 훈련병들이 식수 부족 문제를 얘기했다. 돌아온 답변은 "식수 부족 문제는 노력은 해보겠지만 바로 개선되기는 힘들다."라는 것이었다. 정수기 사용은 간부의 입에서 언급조차 되지 않았을 뿐만 아니라 그 어느 훈련병 하나 건의하지도 않았다.

그러다가 문제가 생겼다. 우리 훈련병 중 자치 2소대장을 맡고 있던 훈련병이 이후의 집합시간에 식수 관련 문제에 대한 개선을 한 번 더 건의한 것이다. 그는 요즘 며칠 동안 화장실 수돗물을 받아먹고 있다고 밝혔다. 그러자 앉아 있던 수백 명의 훈련병들 사이에서 일부러 간부에게 들리도록 "물 진짜 너무 부족합니다." "저도 수돗물 먹습니다." 등 한마디씩 거드는 사람들이 생겨났다. 그러자 간부는 조용히 하라는 호통을 친 뒤 이렇게 말했다. "바보냐, 거지냐?" 그리고 물이 부족하면 조교들과 간부들에게 보고를 하고 추가로 물을 받아가는 것이 정상이 아니냐고 지적했다.

물론 옳은 말이다. 물이 부족하다고 수돗물을 마실 게 아니라 보고를 해서 생수병을 받아가는 것이 훨씬 더 나은 방법이다. 그런데 먼저 식수가 부족하다며 건의를 했을 때는 왜 우리에게 그런 합리적 방안을 제시하지 않았는지는 의문이다. 그러다가 수돗물을 먹는다는 훈련병이 나오니 이제는 그것을 나무라고 있는 것이다. 결국 그날 이후 물이 부족하다는 사람마다 추가로 생수를 지급하다가 번거로움을 깨닫게 되자 훈련병들도 정수기를 사용할 수 있도록 조치했다.

여기까지만 해도 아주 놀랍지만 이런 이야기를 꺼낸 이유는 따로 있다. 2소대장 훈련병이 수돗물 발언을 했던 그 집합은 간부가 우리에게 특별히 할 말이 있어서 소집한 것이었다. 자치 2소대장 훈련병이 식수 문제에 대한 이야기를 꺼내기 전, 그러니까 훈련병들에게 식수가 그렇게 부족한지를 묻기 전에 간부가 우리에게 한 말이 중요하다.

"전화로 부모님께 이상한 말씀 좀 드리지 말아라. 택배로 생수통 보내달라고 한 애들은 뭐냐? 부모님들이 생수통 6개 묶음을 보내셨다니까? 아니 뭐라고 말을 했기에 그런 것들을 보내 주시느냐고. 그럼 부모님들은 우리가 물도 안 주는 줄 알고 얼마나 걱정하시겠냐고. 너희가 그러면 우리는 뭐가 되냐?"

이해는 한다. 그들은 물을 아예 주지 않은 것도 아니고, 물을 보내달라는 아들의 말에 부모님들은 얼마나 걱정을 하고 속상하게 생각하실지 내가 생각해봐도 잘 알겠다. 그렇지만 이러한 사실들만으로는 그들의 행태를 정당화하기에 충분치 않다.

그 무엇보다 우리를 놀라게 한 것은 그들의 미숙한 조치나 적반하장의 태도가 아닌 그들의 이중성이었다. 무슨 이유가 있어 정수기 사용을 막았고, 무슨 이유가 있어 생수통을 넉넉히 보급해 주지 못했다면 그에 대한 훈련병들의 합법적 대처는 받아들였어야 한다.

하지만 그들은 훈련병들의 대처를 비꼬며 본인들의 이미지를 걱정했다. 나는 이날 말로만 듣던 '보여주기식' 문화를 처음 마주했고 그 순간을 지금까지 잊지 못한다. 단순히 내가 '보여주기식' 문화 속에 약자의 위치에 있다는 느낌을 받아서가 아니라 간부들이 발 벗고 나서서 저런 '보여주기식'의 문화를 대놓고 훈련병들에게 전파한다는 사실이 신선한 충격이었기 때문이다.

간부들이 저러한 태도를 보인다면 훈련병들과 병사들은 군대를 어떻게 바라볼 것이며 가뜩이나 자신의 18개월을 강제로 빼앗긴다고 생각하는 수많은 병사들은 군 생활을 어떻게 해나갈까?

내가 '보여주기식' 문화를 최악으로 꼽는 이유는 두 가지다. 하나는 옳은 목적을 위한 수단들을 왜곡하기 때문이고 다른 하나는 그 '보여주기식'의 대처들이 활용되는 방식 때문이다.

'보여주기식' 행위의 과정은 근본적인 목적에 초점을 맞추지 않으며 합리적으로 이루어지지 않는다. 따라서 많은 문제를 양산하는데 이때 그들은 그들의 행위 실태가 아닌 '옳은 목적'을 가지고 있다는 점과 '보여주기식'으로 만들어진 결과물만을 내세운다.

다시 말해 옳은 시작과 겉만 번지르르한 결과물을 이용해 중간의 왜곡된 과정을 숨기는 것이다. 이를 통해 '보여주기식' 문화는 유지된다.

앞서 예로 들었던 훈련소의 경우, 아들이 잘 지내고 있는지 궁금하게 생각할 부모님들을 위해 제공되는 사진들을 '부모님들이 아들이 잘 있다고 믿게끔 하기 위해' 사용하는 것처럼 보인다.

그들이 정말 우리 부모님들의 마음을 생각해서 행복한 모습으로 사진을 찍도록 강요한다고 하더라도 우리 훈련병들 입장에서는 그렇게 받아들여지지 않는 것이 사실이다. 앞서 언급한 생수통 보급 문제처럼 그들은 평소 다른 부분에서 우리를 누군가의 소중한 아들로 대하지 않기 때문이다.

군 급식 문제가 사회적 이슈로 떠오른 5월 야당 의원들이 51사단을 방문했더니 장병 한 명당 8,000여 원이 들어간 삼겹살 특식이 제공돼 '보여주기식'이 아니냐는 논란이 일었다는 이야기를 기억할 것이다. 이 51사단의 경우는 확실하지 않지만 실제로 군대에는 그와 같은 '보여주기식' 대처가 만연하기 때문에 이러한 논란이 생기는 것이다.

군의 상급자 혹은 사회적 지위가 높은 사람들 그리고 언론이 방문하면 해당 부대는 무조건 일상적이지 않은 준비를 한다. 내가 복무했던 부대에서 2021년 8월 확진자가 처음으로 2천 명대를 돌파하자 출타자 비율을 10%로 낮춘 뒤 휴가를 시행하도록 조치했다. 코로나 바이러스 감염 위험도가 커진 상황에서 출타자를 최소화해 부대 내 감염 사고를 예방하겠다는 취지였다.

하지만 문제는 그 10% 안에 '말출'이라고도 불리는 전역 휴가를 나간 인원들까지 포함된다는 것이었다. 우리 부대의 경우 2020년 3월 군번부터 2020년 8월 군번까지 모든 월 군번이 평균 6명씩 복무하고 있었다. 그리고 우리 부대의 출타 가능 인원인 10%는 6명이었다. 쉽게 설명하자면 2020년 3월 군번들이 전역 전 휴가를 나가기 시작하는 2021년 9월부터 약 6개월 동안은 다른 인원들은 특이 사항을 제외하고는 휴가를 나갈 수 없다는 얘기다. 이에 하루는 지휘관 교육 시간에 중대장님께 질문을 드렸다.

"코로나가 심해진 상황에서 출타자를 10퍼센트로 낮추어 최대한 안전하게 휴가를 시행하겠다는 취지라고 말씀하셨는데, 그렇다면 부대로 복귀하지 않는 전역 휴가자들은 출타자 비율에 왜 포함되는 것인지 잘 모르겠습니다."

이에 중대장님이 답변을 해 주셨다.

"전쟁 나면 걔들도 다 돌아와야 되잖아."

맞는 말씀이었다. 전쟁에 대비하기 위해 존재하는 집단인 만큼 전쟁이라는 극단적 경우까지 염두에 두고 최대한 안전한 방식으로 휴가를 시행한다는 점은 납득할 수 있다.

하지만 먼저 논의되어야 할 두 가지 의문이 있었다.

첫째, 입대 후 약 200일 동안 휴가를 나가지 못한 신병들의 휴가도 10%라는 낮은 출타율에 맞게 철저히 통제할 만큼 코로나로 인한 위험도를 높게 판단한 상황에서 휴가 복귀자에 대한 분리 및 격리는 왜 실시하지 않는가?

둘째, 전쟁이라는 극단적 상황까지 염두에 두고 만약을 대비하는 군의 안전 추구 성향이 왜 그동안의 휴가 복귀자 격리 방식에서는 찾아볼 수가 없는가?

우리 부대는 막사 내 복도 가장 끝에 위치한 생활관을 다른 생활관들과 비닐과 나무문을 통해 분리한 뒤 분리자 생활관으로 사용했다. 하지만 1층에 있는 비닐 막은 윗부분에 비어 있는 공간이 사다리만 있다면 사람도 지나다닐 수 있을 만큼 크게 나 있었고, 2층에서는 비닐이 비어 있는 공간과 나무문 아래 뚫린 공간으로 각종 물건과 음식물을 주고받기 일쑤였다. 이뿐만이 아니다. 가끔 당직사관들이 분리자 생활관으로 넘어와 생활관을 들락날락하기도 하였고, 분리자 쪽에 위치해 있는 공급실과 통신창고 등을 병사들과 간부들이 수시로 오가기도 했다.

넉넉잡아 30% 비율의 출타자 비율로 휴가를 시행한 뒤, 빈틈없이 철저한 분리 생활관을 운영하는 것이 최선의 방법이라고, 최소한 전쟁이 나지 않는 이상 돌아오지도 않을 인원들을 포함해 10%만 휴가를 시행하고 복귀하면 분리도 시행하지 않는 방법보다는 낫다고 장담한다.

그렇다면 상급부대와 지휘관들은 나와 다르게 생각해서 전자의 방법, 그러니까 현재의 방법을 선택하는 것일까? 그렇지 않다. 그들도 분명 코로나 확진 가능성이 있는 18명이 철저히 분리되어 있는 곳이나 확진 가능성이 있는 6명이 완전히 연결된 공간에서 함께 지내는 곳 중 한 곳에서 지내라고 한다면 분명 전자를 선택할 것이다. 그렇다면 이 두 방안의 차이는, 그들이 후자를 선택하게끔 하는 차이는 무엇으로부터 나오는가?

답은 이번에도 '보여주기식' 문화에 있다. 우리 부대가 10%라는 낮은 수치로 출타자를 통제하며 휴가를 시행함에 따라 코로나 감염 사고 예방에 힘쓰고 있다는 사실은 문서로도, 규정으로도, 가능하다면 언론의 보도로도 남겨진다.

하지만 우리 부대가 원래는 허술했던 분리자 공간의 뚫린 공간을 철저히 막고, 앞으로는 병사와 간부들이 절대 출입하지 않겠다고 문서, 규정, 보도 등 어떠한 유형으로든 공식화하는 순간, 우리 부대의 지휘관들이 받게 될 여론의 질타는 불을 보듯 뻔하다. 또한 이미 여론은 당연히 모든 부대들이 철저한 복귀자 분리 및 격리와 방역수칙을 준수하고 있다고 생각하고 있기 때문에 저러한 발표를 할 필요조차 없다.

정리하자면 우리 부대의 새로운 휴가 시행 방침은 상급부대들과 사회, 언론의 시선에서 보았을 때는 이런 것이다.

"해당 부대는 철저한 분리 체계를 갖춘 채로 30%의 출타자 비율을 유지하던 휴가 방침을 10%로 감소시키며 요즘 급등한 코로나 확진자 추세에 알맞은 대처를 했다. 덧붙여 전 병사가 백신을 2차 접종까지 완료한 것을 감안해 분리자 생활관 운영 대신, 휴가 복귀자에 대한 '예방적 관찰 기간'을 두는 제도를 시행하고 있다."

이 글을 쓰는 현재 우리 부대 막사에 존재하는 '예방적 관찰 기간'의 휴가 복귀자들이 다른 병사들과 같은 화장실, 샤워실을 사용하고 다른 생활관에 들어가서 마스크를 착용하지 않은 채로 대화를 나누든 무엇을 하든 아무도 관심이 없다. '예방적 관찰 기간'이라는 제도로 코로나 감염 사고를 예방한다는 문서와 규정이 중요하지, 이외에 무엇이 더 필요한가?

내 훈련소 동기 중 하나는 운전병으로 근무하고 있는데, 작년 11월 운전병의 코로나 팬데믹 확산 대응 안전 가이드라인 관련 뉴스에 사용될 사진 촬영을 한 적이 있다. 이때 그 동기는 이렇게 말했다.

"평소에는 잘 하지도 않는데 기사에 쓸 사진을 촬영해야 한다고 해서 마스크에 장갑까지 끼고 행주랑 소독약으로 소독하는 포즈를 취하도록 하고는 사진을 찍어 가더라고."

단순히 동기의 말을 들었을 뿐이므로 사실 여부를 정확히 알 수는 없다. 하지만 만약 이것이 사실이라면 코로나-19에 대응하기 위해 확실한 가이드라인을 따라야 한다는 취지와 군부대의 코로나-19 대응 현황을 국민들에게 정확히 보도한다는 취지를 모두 무시하고 있는 셈이다. 단지 그들은 그들이 방역 수칙을 확실하게 따르고 있다고 국민들이 믿기만 하면 되는 것이다.

내가 동기의 말을 믿는 또 한 가지 이유는 우리 부대에서도 부대 홈페이지에 올릴 사진이나 부대 외부로 공개되는 사진 촬영을 할 때는 항상 일상적이지 않은 부자연스러운 요구들을 받기 일쑤기 때문이다.

가장 심각한 문제는 따로 있다. 이러한 '보여주기식' 대처가 군대 내 업무에도 사용되고 있다는 것이다. 2021년 7월 26일 페이스북 '육군훈련소 대신 전해드립니다' 페이지에 "국군 전사자 유해를 늘리기 위해 유품이 전혀 없는 유해에 아군 유품을 뿌리기도…. 발굴팀장이 묵인하는 것도 봤다.” "북한군이나 중공군일 수도 있는데, (국군유해발굴감식단은) 신원 확인 절차 없이 아군 유해로 만들려는 조작을 시도했습니다.” 등의 제보가 게시됐다. 만약 이 제보들이 사실이라면 '보여주기식' 문화가 보여주는 가장 극단적이고 잔인한 모습 중 하나일 것이다.

우리 부대의 경우에서도 상급자의 방문이나 상급부대의 감찰이 있을 때, 해당 방문이나 감찰이 확인하려는 사항을 방문 직전에 눈속임으로 꾸미는 경우가 있었다. 먼저 퇴근했거나 휴가 중인 간부의 서명을 다른 간부가 대신하거나 병사들이 잘 작성하지 않은 시설 출입대장에 몇몇 병사들이 거짓으로 꾸며 쓰는 것도 여러 번 보았다.

또 다른 사례를 들자면, 종종 상급부대에서 내려오는 각종 지시 사항들에 대한 조치를 취함과 동시에 이를 촬영해 상급부대로 보내 주는 일을 했다. 기억이 나는 조치 사항들은 '소화기 점검', '콘센트 청소', '미사용 플러그 제거' 등이었는데, 이 조치들이 단 5분 만에 끝났다는 게 인상적이었다. 병사들이 대충 끝낸 것이 아니라 간부님이 주도하고 병사가 촬영을 하는 식이었다. 간부님이 소화기와 콘센트 앞에 자리를 잡고 앉아 상황에 맞는 적절한 포즈를 취한 뒤 "지금 찍어.” 라고 몇 번 말하자 업무는 끝나 있었다.

우리 부대에 소화기와 콘센트, 플러그에 대한 점검이 필요했다는 것이 아니다. 상급부대에서는 분명 더 확실한 안전 확보를 위한 목적으로 해당 사항들을 하달했던 것인데 우리 부대는 그저 '상급부대가 우리가 이런 조치를 했다고 믿게 만들면 된다'는 생각으로 사진을 촬영해 전송했다는 것이 문제다.

이런 점들이 '보여주기식' 문화가 올바른 목적을 위한 수단들을 왜곡하는 실제 사례들이다.

만약 운이 나빠 소화기와 콘센트 관련 조치 사항을 대충 촬영하여 보낸 뒤 콘센트 관리 부주의로 인한 화재가 발생했다면 어떻게 됐을까?

"사실 우리 부대가 조치 사항을 착실히 이행하지 않아 이런 문제가 터졌습니다. 사전 예방이 가능했던 사고임에도 미숙한 조치로 이러한 문제가 발생한 점에 대해 깊게 반성합니다."라며 다음에는 '보여주기식'의 대처를 하지 않을 것이라 기대한다면 당신은 틀렸다.

그 후 우리 부대에 콘센트에서 시작된 화재가 발생했다면 우리 부대는 이전에 촬영한 사진들과 상급부대에 전송한 조치 결과를 내세우며 "우리 부대는 콘센트 관련 화재를 예방하기 위해 이러한 조치들을 이미 시행한 상태였습니다."라며 책임을 최소화할 것이다. 할 수 있는 것들은 다 해보았는데 운이 나빴다는 말을 하는 것이다. 그리고 며칠이 지나면 상급부대에서는 콘센트 관련 안전 확보를 위한 추가적인 조치 사항들이 다시 하달될 것이다.

그렇다면 우리 부대는 그 조치 사항들을 이번만큼은 확실히 이행할지 몰라도 다른 몇몇 부대들은 더 많은 양의 사진 촬영용 포즈를 취하게 될 것이다. 이것이 '보여주기식' 문화로부터 나온 '보여주기식'의 대처가 활용되는 방식이다.

그들이 아무리 방식들을 왜곡하고 본래 취지와 다르게 사용해도 그 방식들이 '옳은 목적'을 가지고 있다는 이유만으로 그 악순환은 반복된다. '보여주기식' 문화에 대한 폐해가 계속해서 드러난다 해서 그것의 '옳은 목적', 예컨대 부모님들께 제공하기 위한 사진 촬영이나 화재 예방 등을 추구하지 않을 수는 없기 때문이다.

그래서 근본적이고 확실한 단 한 가지 해결책은 투명성뿐이다. 올해 화제였던 군 급식 문제가 병사들의 SNS 제보를 중심으로 전개되었던 것처럼 그리고 국군유해발굴감식단에 대한 제보를 한 병사처럼 '보여주기식' 문화 가까이서 살아가는 훈련병들과 병사들이 목소리를 내야만 이런 악습이 사라질 수 있다. 투명성을 통해 올바른 목적을 위한 수단들이 몇몇 사람들에 의해 왜곡되지 않도록 하는 것이다.

하지만 여러 번 보도된 '군 내 제보자 색출 사건'을 주도한 사람들과 부모님에게 부정적인 말을 하지 말도록 당부했던 훈련소 간부처럼 투명하게 드러나는 것을 막기 위한 힘이 훨씬 더 크다.

병사의 82%가 부대 내 휴대전화 사용에 긍정적인 반면 간부는 절반 이상이 부정적인 입장이라는 보도가 있었고, 최근 부실급식에 대한 제보가 계속되자 몇몇 지휘관들은 병사들의 휴대전화 사용을 통제해야 한다는 의견을 제시했다는 기사도 있었다.

수단을 왜곡하거나 부대에 피해를 주지는 않지만 비효율적이고 비합리적인 '보여주기식' 행위도 있다. 바로 상관이 부대에 방문한다고 할 때 평소와는 다른 과장된 준비들을 하는 것이다. 장성급 지휘관이 부대에 방문할 예정이라고 하면 부대 주변 쓰레기를 청소하고 연병장 돌까지 줍는다는 이야기를 한 번쯤은 들어보았을 것이다. 내가 복무한 부대의 경우, 이렇게까지 하지는 않았지만 평소와 달리 대청소는 꼭 진행됐으며 방문하기 전 주부터 병사들에게는 두발 정리가 요구됐다.

청소와 두발 정리의 필요성을 부정하는 것이 아니다. 엄연히 매일같이 진행되는 정해진 일과와 규정이 있는데 상급자가 온다고 해서 그 일과가 더 힘들어지고 규정이 더 엄격해질 이유는 전혀 없다는 것이다.

만약 그 이유가 평소 일과나 규정을 잘 지키지 않기 때문이라면 그 자체로 문제다. 상급자가 방문할 때만 눈속임을 통해 이런 사실을 숨긴다는 것은 상급자에 대한 기만행위가 아닐 수 없다. 반대로 평소 규정대로 잘 운영되는 부대라면 특별히 수선을 떨 이유가 없을 것이다.

이러한 나의 말에 이러한 이야기를 하는 사람들도 있을 듯하다.

"항상 정해진 규율을 철저히 지키도록 하는 것이 오히려 병사들의 스트레스를 키우는 악효과를 낸다. 평소에는 융통성 있게 적당한 선을 지키며 생활하되 고위 간부가 올 때는 그러한 모습이 아닌 정해진 규율대로 행동하는 모습을 보이는 것이 우리와 고위 간부 양측에 더 합리적인 방안이다."

일리 있는 말이라고 생각한다. 나 역시 군대에서 모든 규정을 하나하나 지키며 생활했던 것도 아니다. 그런 부대에서 지낸다고 생각하면 숨이 막힌다.

하지만 정해진 규율을 적당히 어김으로써 융통성 있는 생활을 할 수 있다는 주장은 군대라는 집단을 고려했을 때 너무나 도전적이며 충분히 지지받지는 못할 주장이다.

나는 오히려 이런 주장에서 언급하는 융통성이라는 것은 사라져야 할 '보여주기식' 문화의 또 하나의 근거라고 생각한다. 만약 어떠한 규정들이 평소에는 적당한 수준에서만 지켜도 전혀 문제가 없다가 몇 개월에 한 번 고위 간부가 방문할 때만 지켜야 하는 것이라면 그 규정이 존재해야 할 이유는 무엇인가?

평소 모든 병사들이 그러한 융통성을 발휘하고 이에 대해 부대 간부들이 지적하지 않는다는 것은 그 규정이 일정 수준까지는 지켜지지 않더라도 아무런 문제가 발생하지 않는다는 것을 의미한다. 이는 현시점에서 그 규정이 부대가 운영되는 데 적합한 규정인지에 대한 의문으로 이어진다. 쉽게 말해, 고위 간부가 오든 아니든 항상 지켜지는 규정들은 우리 군 생활에 있어 필수적인 규정이라는 증명이 되는 셈이다. 반면 평소에는 융통성 있는 행위가 허용되는 규정이 상급자의 방문 시에만 지켜진다면 그런 규정의 존재 자체에 대해 의구심을 품어야 한다는 말이다.

이러한 관점을 바탕으로 현재 군대에 존재하는 다양한 규정들에 대한 재검토가 필요하다. '보여주기식' 문화 아래에서만 그 효과를 발휘하는 규정들은 사라지더라도 병사와 군대 어느 측에도 피해를 주지 않는다. 아니, 오히려 득이 될 것이라 장담한다.

이 말들은 전혀 어렵지 않다. 당연한 말이다. 그러함에도 모든 부대에는 이러한 상급자에 대한 '보여주기식' 문화가 존재한다. 그것을 상급자에 대한 하나의 예의이자 관습이라고 여기기까지 하는 것 같다.

이러한 관습은 그 속에서 '보여주기식' 행위에 동참하는 병사들로 하여금 규칙적인 일과와 정해진 규율들이 때에 따라 수시로 변하는 유동적인 것으로 인식되게 한다. 이러한 사고 과정은 생략하고 상급자의 방문 시에만 하는 특별한 행위들을 통해 상급자의 권위를 강조하고 우리 부대의 좋은 이미지를 남기려는 데에만 집중하는 것이 안타까울 따름이다.

또 한 가지 안타까운 점은 부대를 방문하는 상급자들조차 이러한 '보여주기식' 문화가 존재하고 있다는 사실을 아주 잘 알고 있다는 것이고, 그들 역시 이러한 문화를 자신들에 대한 하나의 예의 또는 관습이라고 받아들이는 듯하다. 정해진 일과와 규정들이 계급 체계 속에서 상급자에 대한 권위를 강조하고 군기만 잡기 위해 존재하는 것인지 올바른 부대 운영을 위해 존재하는 것인지 진지하게 고민해봐야 할 때가 왔다. 거듭 강조하듯 '보여주기식' 문화가 다른 각종 군 문제들의 밑바탕이기 때문이다.

상급자들이 먼저 나서서 상급자에 대한 예우라고 여겨지는 이 잘못된 관습을 바로잡아 주기를 희망한다. 병사들끼리만 있을 때든 상급자가 부대에 방문할 때든 동일한 일과가 진행되고 동일한 규정이 적용될 때 병사들도 부대의 일과와 규정에 더 충실히 따를 수 있을 것이다. 나라를 지키는 군대가 '보여주기식'으로 임무를 수행한다는 이미지를 이제는 벗어야 할 때가 왔다.

인지심리학자 개리 마커스는 인간의 기억 속에서의 합리성과 맥락, 즉 합리적인 것과 맥락적인 것에 대해 다음과 같이 썼다.

"합리성이란 말 그대로 관련 증거들을 철저하고 사려 깊게 비교 평가할 것을 요구한다. 그러나 포유동물의 기억회로는 전혀 이런 목적에 맞게 조율되어 있지 않다. 기억의 신속함과 맥락 민감성은 위협적인 환경에서 급히 결정을 내려야 했던 우리 선조들에게 틀림없이 큰 도움이 되었을 것이다. 그러나 이렇게 과거에 자산이었던 것이 현대에는 부채가 되었다. 맥락은 우리에게 이렇게 말하는데, 합리성은 저렇게 말하고 있다면, 합리성은 언제나 맥락에게 지고 만다."

여기서 개리 마커스가 지적하는 우리 기억 속의 문제점은 군대의 고질적인 문화적 문제와 일맥상통하는 부분이 있다. 급히 결정을 내려야 했던 과거의 위협적인 환경에서 제 역할을 했던 신속함과 맥락 민감성 등이 합리성보다 중요했던 것처럼 전쟁을 겪고, 전쟁을 대비하기 위해 세워진 군대 역시 합리성이라는 가치는 후순위에 두었기 때문이다. 하지만 "과거의 자산이었던 것이 현대에는 부채가 되었다." 라는 명쾌한 지적처럼 우리 군대도 이제 과거의 상황과 현재 간의 큰 격차를 인지하고 합리성이라는 가치를 더 중시해야 할 때가 온 것이다.

과거에는 칼같이 지켜져야만 했던 몇몇 규칙이나 제도들이 현재에 와서는 누구나 융통성을 발휘하며 평소에는 무시해도 될 만한 것으로 전락했다. 이에 대해 신속하고 적극적인 검토가 이루어지지 않는 것 역시 '보여주기식' 문화 양상에 한몫 보태고 있다.

이 장에서 제시한 많은 사례들이 군대 내에서 정말 중대한 위반으로 여겨지고 몇몇 부대에만 존재하는 악습이라면 이곳에 적는 걸 망설였을 것이다.

하지만 지금 당장 인터넷만 접속해도 자신이 군 복무 중 목격했거나 당했던 위반 사항들과 부조리들(이런 이야기를 위반 사항이라는 데에 초점을 맞춰 하지 않을 때가 더 많다. 그저 군대에서 있었던 재미있는 이야기를 하는 과정에서 자연스럽게 나오는 것이 대부분이다.)을 이야기하는 사람들을 수도 없이 찾아볼 수 있다. 이 정도로 군대에서 몇몇 위반 사항들은 그 심각성을, 규정들은 그 중요성을 충분히 상실했다. 학생들부터 전역자들에 이르기까지 수많은 남성들은 이미 그런 이야기에 익숙하고 그들도 이를 심각하게 받아들이지 않는 지경에까지 와 있는 것이다.

이러한 현 상황 속에서 김진형 전 해군소장은 이렇게 말했다.

"최근 들어 군 내에서 발생하는 비정상적인 문제들, 각종 사건들은 이렇게 세상은 바뀌었는데 우리의 군대문화는 제대로 진화하지 못한 데 큰 원인이 있다고 본다." 라면서 "잘못된 관습을 버려야 혁신이 빨라지고, 창조적이 된다"고 덧붙였다.

이렇듯 군대에 존재하는 문제점 중 가장 광범위하고 근본적인 문제점으로 '보여주기식' 문화가 있다면, 그 문화 속에 존재하는 가장 큰 문제점은 단연 부조리다.

군대의 고질적 문제, 부조리

군대에 존재하는 가장 대표적이고 고질적인 문제, 다름 아닌 부조리
다. 앞에서 각 개인의 자기 합리화가 부조리 속에서도 드러난다는 이야
기를 했는데, 부조리는 집단의 악습과 개인의 자기 합리화가 뒤얽혀 개
선되지 않고 계속해서 이어지고 있다.

일단 주된 이야기로 들어가기 전에, 앞으로 계속해서 언급하게 될 '부
조리'에 대한 지적과 비판은 군대 내의 계급 체계를 부정하기 위함이 아
니라는 것을 미리 밝힌다. 여기서 행해질 모든 부조리에 대한 비판은 군
법상 허용되지 않는 '구타, 폭언, 욕설, 성추행, 성희롱, 따돌림, 비하, 위
협, 일방적인 장난, 권한이 없는 또는 직무와 무관한 명령과 지시 그리고
간섭 등'을 대상으로 한다.

군대 내의 부조리는 군 집단의 발전이나 병사 개개인들의 보람찬 군
생활에 해가 된다는 점을 논하기 전에 기본적으로 인권에 반한다는 것에
주목해야 한다. 군대 내의 부조리들을 살펴보면 가해자들이 후임병 혹은

부하들을 존중해야 할 하나의 인격으로 바라보지 않는 인식이 바탕에 깔려 있다.

구타, 폭언, 욕설, 성추행, 성희롱, 따돌림, 비하, 위협 등 한 단어로 규정할 수 있는 부조리들도 많지만, 특정 단어로 규정지을 수 없는 부조리도 수없이 많다. 부대마다 전해져 내려오는 각각의 관습적인 부조리들이 존재하기 때문이다. 또한 재미를 위해 이상한 행동을 하도록 강요한다든가 본인이 하기 귀찮은 일을 대신 떠넘기고 기타 잡일을 시키는 등의 행위들도 있다.

부조리는 '어떠한 환경 하에서도 복종과 일정한 행동을 자율적으로 하는 정신적 태도 및 사기와 훈련 상태'를 의미하는 '군기'를 잡기 위한 것이라 정당화한다는 면에서 보면 올바른 목적을 달성하기 위함이라는 명분을 내세워 비합리적 행위를 하는 '보여주기식' 문화와 비슷하다.

그러나 부조리는 '보여주기식' 문화와 달리 가해자의 인간성을, 피해자의 인권을 해친다는 심각한 문제가 있다. 부조리가 심각한 문제라는 데에는 다른 근거들도 여럿 있다.

첫째, 부조리 행위를 통해 기대할 수 있다고 가해자들이 주장하는 효용이란 것을 가해자들은 정확히 인지조차 하고 있지 않으며, 부조리를 통해 얻을 수 있는 효용이란 것은 애초에 존재하지도 않는다.

앞서 부조리를 일삼는 선임병들이 정말로 후임병들의 자율적인 정신적 태도와 군에 대한 사기 그리고 전쟁을 대비한 훈련 상태를 위해 그러한 행위를 하는 것인지 의문이 든다는 이야기를 했다. 왜냐하면 그들은 항상 '군기가 빠졌다'는 표현을 통해 군기가 빠질 경우, 큰 사고가 날 수 있다며 부조리 행위를 정당화하기 때문이다. 이러한 주장에 반하는 세 가지 근거를 제시할 수 있다.

먼저 군에 대한 그들의 정신적 태도와 행동이 가장 확실한 반박 근거이다. 후임들의 정신적 태도와 사기 그리고 훈련 상태, 즉 부대를 위해 부조리 행위를 한다는 그들은 군 생활을 어떻게 하고 있는가? 고참병일수록 머리를 더 길게 기르고, 밤에 허용되지 않은 TV 시청을 하며 몰래 라면을 먹기도 하고 식사를 거르는 결식도 더 자주 한다. 이뿐 아니라 많으면 며칠에 한 번씩 꼭 남은 휴가를 계산해 부대를 떠날 날만을 손꼽아 기다린다. 순찰 근무나 불침번 근무가 배정되면 한숨을 쉬고 군인이 갖춰야 할 복장은 항상 한두 군데씩 변형을 준다.

정작 자신은 예외적인 존재로서 군기를 들먹이며 후임병들에게 폭언과 욕설을 하는 것이 정당한가? 후임병에게 식당에서 부식을 챙겨오라고 시키고 본인의 세탁물을 대신 맡기도록 하는 것이 군대의 발전을 위해 무슨 정당성을 갖는가.

그들이 내세우는 이유는 한결같다. 자신도 선임병들에게 똑같이 혹은 더 심하게 당했고, 그것이 관행이라는 것이다. 하지만 자신이 먼저 그런 일을 겪었다고 해서 부조리 행위를 정당화할 수는 없는 일이다. 이런 사실 자체가 다시 앞에서 했던 나의 의견을 뒷받침하는 또 하나의 근거가 된다. 자신이 선임들로부터 받았던 부조리가 부당하다고 생각했음에도 불구하고 자신이 선임의 위치에 서게 되자 그 부조리를 똑같이 하고 있는 것이다.

만약 부조리한 관행들이 정말 군기를 잡아 더 나은 부대를 만드는 데 효과적이라면 모든 병장들은 삼시세끼를 규정대로 먹고 10시가 되면 칼같이 잠자리에 들 것이다. 아니면 특별히 그들에게만은 그들 선임들이 했던 부조리가 군기를 유지하는 데 효과가 없었던 것인가?

그다음으로 피해자들의 반응이 또 하나의 근거가 된다. 나는 부대에 동기가 11명이나 있어서 그들로부터 자신이 당했던 부조리 경험을 종종 들었다.

하지만 그때마다 그들은 분노하고 억울함에 휩싸였을 뿐이지, 단 한 명도 더 긍정적인 병사의 모습을 갖추게 되었다거나 군 생활을 해나가는 데 사기가 높아진 모습을 보인 적은 없다. 내 눈에는 병영생활에 따른 스트레스에 더해 타인으로부터 받는 스트레스 하나가 더 얹어진 괴로운 사람들만이 보였을 뿐이다.

이는 나도 마찬가지다. 선임들에게 부조리를 당할 때마다 속으로 욕을 하고 화를 참고 표정 관리를 하는 데에 큰 에너지를 소모했을 뿐 더 바람직한 군인이 된다는 느낌을 받은 적은 단 한 번도 없다.

마지막으로 가장 확실하면서도 간단한 근거는 우리가 매일 복창하는 병영 생활 행동강령이다.

병영생활 행동강령의 첫째 문장.

"분대장을 제외한 병 상호 간에는 명령이나 지시, 간섭을 금지한다."

더이상 무슨 말이 필요한가?

나보다 몇 개월 일찍 입대를 했다고 해서 나에게 명령, 지시, 간섭할 권리는 없다는 것이다. 심지어는 분대장이나 간부라고 해서 부조리에 해당

하는 명령과 지시를 할 수 있는 것은 절대 아니다.

군인복무기본법에 "직무와 무관하거나 법규에 반하는 사항, 또는 자신의 권한 밖의 사항에 관해 명령을 내려서는 안 된다"고 규정되어 있다. 뿐만 아니라 "규정이나 훈령에 벗어난 명령의 경우 엄밀히 말해 복종할 필요가 없다"고 『정신전력교육 기본교재』는 적고 있다.

쉬운 예를 들자면 생활관 선임병이 본인 몫의 세탁을 내게 떠맡길 경우, 이를 수행해야 할 필요가 전혀 없는 것이다. 오히려 이는 그 선임병이 부조리 행위로 처벌에 이를 수 있는 상황이다.

하지만 그 상황에서 후임병이 "병 상호 간에는 명령이나 지시를 할 수 없을 뿐 아니라 제가 직무와 무관한 지시에 복종할 의무는 없습니다." 라고 말하는 경우는 없다. 만약 이런 경우가 생긴다면 그 후임병은 그 즉시 부대에서 '폐급'이라고 낙인찍힐 것이다.

병영생활 행동강령과 군인복무기본법에서 규정된 대로 행동했을 뿐인데 왜 그 후임병은 '폐급'이 되어야 하는가?

조금은 사회성 없이 대처한 그의 탓도 있겠지만 우리 군대 문화에서 이미 병영생활 행동강령의 첫 번째 문장은 사문화된 것이나 다름이 없기 때문이다. 아침, 저녁으로 복창하는 병영생활 행동강령과 후임들에게 본인의 사적 이익을 위한 심부름을 시키는 선임들 간의 괴리를 지켜보다 보면 많은 생각을 하게 된다.

부조리를 통해 병사들 간에 '군기'를 잡는 행위가 분명 긍정적인 효과가 있다고 말하는 사람들도 있을 듯하다. 심히 부주의하거나 잘못된 태도로 군 생활에 임하는 후임병이 있는 상황이나 철저한 경계근무와 잦은 훈련이 동반되는 부대일 경우, 그 효과라는 것이 특히, 더 돋보일 수 있다.

하지만 나는 동일한 효과를 낼 수 있는 다른 방안의 창출은 배제한 채, 부조리라는 악습이 가져오는 그 단면적인 효과에만 주목하는 이러한 주장이 매우 일차원적이고 그릇된 생각이라고 일러두고 싶다.

부조리라는 특성이 군기를 유지하는 방식으로 사용될 수도 있다는 사실(군에서 강조하는 '승리를 위한 군기'를 고려한다면 사실조차 아니다. 이는 뒤에서 이야기하겠다.)이 부조리가 군기 유지를 위해 이어져 왔다는 것을 증명하지는 않는다. 부조리라는 악습이 오랜 기간 이어져 온 데에는 순전히 군 집단을 위한 군기 유지라는 목적만이 작용했다고 볼 수는 없다. 거기엔 우리 모두, 특히 부조리를 일삼는 자들이 '불편한 진실'로 감추고 있는 '자신이 더 편해지려는 욕망'과 과거 자신이 당했던 부조리에 대한 보복심 그리고 주위 환경에 동화되는 심리적 특성, 계급 체계와 본인의 합리화를 통해 정당성을 부여받은 폭력성 표출의 기회 등 다양한 요인이 작동한다.

부조리 행위를 통해 얻을 수 있는 긍정적 효과가 있다고 우리가 확신하고 그에 주목해 이 문화를 대물림한다면, 우리는 그 긍정적 효과를 얻을 수 있는 더 합리적이고 인간적인 방안을 모색해야 마땅하다.

김진형 전 해군소장은 2014년 28사단에서 있었던 한 병사의 사망 사건을 언급하며 부조리에 관해 다음과 같이 적었다.

"윤 일병 사건으로 불거졌을 뿐 그동안 이와 유사한 사례들이 많이 있었다. 병사들 간의 서열 의식, 계급 의식에서 비롯된 잘못된 군기 때문이다. …(중략) 소위 병사들만의 세계가 존재하게 되는데 여기에서는 병사들만의 질서가 존재한다. 고참이라고 말하는 선임병사의 권력에 좌우되는 공간과 시간이 생기는 것이다. …(중략) 군대라는 통제된 조직 안에서 발생하는 상하, 동료 간의 갈등은 쉽게 해소될 문제가 아니다. 그렇지만 병사들 간의 잘못된 서열 문화는 분명히 바로잡아야 한다. 병사들의 계급은 꼭 신분의 상하를 뜻하는 것이 아니다. 병사들의 근무 정도를 구분하는 표시일 뿐이다. 그래서 병사들 간에는 명령하고(받고) 지시하는(받는) 관계가 형성되지 않는다. …(중략) 우리나라 군대의 병들도 상호 간에 수평적 조직이지 수직적인 상하 관계가 될 수 없다. 병사들 간에 선임병이란 뜻도 먼저 군대에 온 자라는 것이지 상관이라는 개념이 아니다. 지금 군대에서는 병사들 간에 지시 등을 할 수 없도록 제도가 마련되어 있기는 하다. 그러나 오랜 기간 이어져 온 서열 의식은 쉬이 고쳐지지는 않을 것이다."

군대 내 문제에 대한 관심이 커진 요즘, 김진형 전 해군소장의 말처럼 쉽지는 않겠지만 그래도 부조리 문제를 해결하지 않으면 군대는 군대 그 본연의 목적에 충실할 수 없게 된다. 끊임없이 이어지는 각종 문제의 제보들과 언론의 보도 그리고 여론의 질타 속에서 해명하고 조사하고 회의하고 하달하고 조치하고 보고하는 과정을 수십, 수백 번 거치게 될 수도 있다. 실제 급식 문제가 사회적 이슈로 떠오른 시기에 아무 문제가 발생하지 않았던 우리 부대도 급식 체계의 개선과 조치 사항 보고 과정을 몇 번이고 반복했다.

물론 이보다 더 중요한 문제는 병사들의 인권이다. 그들은 병사이기 전에 엄연한 인간이고 누군가의 자식이다. 본인의 기본적인 인권을 무시한 채 노예처럼 취급한다면 그 누가 그 집단을 위해 목숨을 건단 말인가.

군 생활을 통해 직접 겪으며, 수많은 보도 기사를 읽으며, 뉴스 영상과 군에 대해 다룬 영상물들을 보며 군대에서의 부조리 문화를 접할 때마다 내 머릿속에는 한 가지 실험이 떠오른다. 아마 독자들도 한 번씩은 들어보았을 이 실험의 이름은 '스탠퍼드 감옥 실험'이다. 학교 도덕 시간에 처음 접한 것으로 기억하는데, 이 실험은 24명의 실험 참가자를 모집해 교도관 역할과 죄수 역할을 배정하고 2주 동안 가짜 감옥에서 각자가 맡은 역할을 연기하는 실험이었다.

하지만 이 실험은 6일 만에 중단되었다. 그 이유는 교도관 역할을 맡은 참가자들이 실험 내용을 통해 부여받은 권력으로 도를 넘은 가혹행위를 일삼았기 때문이었다. 이 실험 중 교도관들은 평범한 대학생들이었으나 실험에서 교도관 역할을 맡았다는 이유만으로 죄수 역할을 맡은 대학생들을 상대로 폭행을 일삼고 소화기를 통해 반란을 진압했으며 성적 학대까지 감행하였다. 더 충격적인 사실은 실험 참가자들은 언제든지 중도에 실험 참여를 포기하고 집으로 돌아갈 수 있었다는 사실이다. 그럼에도 불구하고 생리현상을 강제로 참도록 하는 가혹행위와 성적 학대 등이 일어나는 상황에서도 많은 참가자들이 그곳에 남아 교도관들의 명령에 복종했던 것이다.

나는 이 정도로 극단적인 수준은 아니지만 군대 내의 부조리 문화도 이 스탠퍼드 감옥 실험에서의 가혹행위들과 비슷한 맥락을 가지고 있다고 본다. 단순히 실험에서의 역할일 뿐이었던 교도관과 죄수처럼 단순히 군대에 입대한 시기상의 차이일 뿐인 군번을 이유로 비합리적인 가혹행위를 일삼기 때문이다. 그리고 그러한 가혹행위를 참아내야 한다거나 선임병들의 불합리한 지시에 응할 제도적, 법적 이유가 전혀 없음에도 그 부조리 문화 속에서는 가혹행위를 참고 견디면서 선임들의 지시에 모두 따르는 것이 자연스럽게 여겨지는 것도 마찬가지다.

하루빨리 군대에서 일어나는 모든 부조리 행위에 대해 그것이 일반적인 사회에서 발생했을 때만큼 잔인하고 비인간적인 행위라는 당연한 인식이 생기길 희망한다.

국방부도 『정신전력교육 기본교재』를 통해 이렇게 말했다.

"인간 존중의 인도주의 가치 또한 중요하다. 극한의 훈련을 감당해야 하고 목숨을 걸고 전투를 치러야 하는 군인에게 인도주의를 말한다는 것이 어색할 수 있다. 그러나 인간 존중의 가치는 전시, 평시를 막론하고 포기하지 말아야 할 가치이다. 병사들 간에, 그리고 지휘관과 병사들 간의 인간적 존중은 전투력을 극대화 시킬 수 있는 가장 강력한 정신전력이다."

이렇듯 국방부를 필두로 여러 부대에서 군대 내 문제들을 해결하고자 하는 의지를 가지고 있다. 이를 위한 실질적 방안들도 여럿 실시하고 있기는 하다.

하지만 이러한 방안 중에서도 문제점은 발견된다.

대처 방안에 존재하는 문제점

군대는 군대 나름대로 다양한 문제점들에 대한 예방책을 마련해 놓고 있다. 하지만 이런 예방책들에도 역시 개선해야 할 문제들이 있다.

우선 '보여주기식' 문화 부분에서 얘기했듯이 이러한 예방책들 중 상당수가 '보여주기식'의 수단으로 왜곡되고 있다. 아무리 좋은 목적을 위해 합리적인 대책을 세웠어도 이것이 잘못된 방향으로 사용되면 그 본래의 역할을 할 수 없게 된다. 이 점을 인지하고 대처 방안들을 왜곡할 수 없도록 시스템을 더 체계적으로 구축함과 동시에 부대의 투명성을 보장해야 한다. 투명성을 추구하는 움직임을 막는 행위는 군대를 퇴화시키는 행위나 마찬가지다.

다음으로 각종 대처 방안들이 처음 만들어질 때의 상황과 현재 상황의 차이에서 오는 문제점이 있다. 지금 상황에서 보면 구태의연하고 전혀 효과가 없는 방안들이 여전히 본래의 상태 그대로 남아 있는 것이다.

군대는 합리성이나 효율성을 중심 아젠다로 추구하는 집단이 아니다. 그래서 어떤 방안이 명확하고 분명하게 보여지는 문제점만 초래하지 않는다면 더 나은 합리성과 효율성을 갖추기 위해 기존에 존재하던 것을 굳이 검토, 변경하지 않는다.

하지만 이제는 시스템 중에서 과거에는 적절했으나 현재에 와서는 '부채'가 되어버린 것들은 없는지 검토해봐야 할 때가 왔다. 특히나 많은 부대에서 융통성을 발휘하는 시스템들에 대해서는 수정이나 제거 과정이 필수적이다.

일단 거의 모든 교육용 자료들이 지극히 어린 아이들을 대상으로 한 자료라고 생각될 만큼 단순하고 밋밋하다. 아무래도 전국 병사들을 대상으로 국가에서 만드는 자료이다 보니 최대한 건전하고 간단하게 만들게 되는 점은 이해하지만 이러한 교육이 효과를 내기는 힘든 게 사실이다. 20대 초반에서부터 20대 후반까지의 엄연한 성인들을 대상으로 종이를 오리고 접어서 캐릭터를 만드는 등의 교육 활동은 당연히 효과를 볼 수 없다.

조금 갑작스럽지만, 여기서 한 가지 학교 관련 정책을 소개해보고자 한다. 이 정책은 학생들의 안전을 위해 고안된 것으로 실제 적용 사례는 다음과 같다.

"21년 4월 21일 오전 10시경, A 학교에서 안내방송이 울려 퍼진다. '모든 학생은 지금 즉시 하던 행동을 멈추고 각자의 교실로 들어가 대기하기 바랍니다.' 그렇게 체육, 미술 등의 활동적 과목을 포함해 전 과목의 수업이 중단되고 모든 학생들은 자신의 반에 들어가 무슨 일인지 영문도 모른 채 의자에 앉아 대기하기 시작했다. 추후 선생님 말씀을 들어보니 같은 지역에 있는 D 학교에서 체육 수업 중 한 학생이 기절하는 사고가 발생했다는 것이었다. 그 뒤 지역 내 다른 학교인 A 학교, B 학교, C 학교도 D 학교와 같이 모든 활동을 중단하고 교실에 대기하라는 지역 내 교육청의 지시가 하달된 것이었다."

앞서 이 정책이 학생들의 안전을 위해 고안된 것이라고 설명했는데 나도 이 정책이 어떤 원리로 학생들의 안전을 책임지는지는 알 수 없다. '추가적인 사고의 발생'을 예방한다는 말도 뜬구름 잡는 소리가 아닐 수 없다.

논리적인 인과관계가 전혀 포함되어 있지 않은 이 비합리적이고 비효율적인 시스템은 실제 우리 부대에서 사용되는 시스템이다. 지역 내에 있는 다른 중대에서 병사나 간부 1명 혹은 주무관 1명에게라도 사고가 발생하면 해당 지역 내 모든 중대는 작업과 업무를 포함해 단순한 휴식과 교육도 모두 중지하고 전원 생활관에서 대기하도록 지시받는다.

초등학교 아니 심지어는 유치원에서조차 실시하지 않는 이런 체계를 성인 남성들을 대상으로 사용하고 있다는 사실을 논리적이고 합리적인 사고로는 이해하기 힘들다.

군대라는 집단에 새로 합류하는 사람들은 '새로운 환경에 적응하기 위해 새로운 규범이나 가치, 지식 등을 다시 습득하고 내면화하는 과정'인 재사회화가 필요하다.

하지만 재사회화가 필요한 대상, 즉 교육이 필요한 대상이라고 해서 그들을 어린아이들처럼 취급할 이유는 없다.

이뿐 아니라 우리 부대에서는 한 달에 한 번 부조리 예방과 보안 유지 등을 다루는 서약서를 작성하곤 한다. 이 서약서는 옳은 문장들이 여러 개 쓰여 있고 그 밑에 흐린 글씨로 같은 문장이 반복되어 병사들이 따라 쓰도록 되어 있다.

"나는 교내에서는 공놀이를 하지 않을 것입니다." 라거나 "나는 선생님의 말씀에 잘 따를 것입니다." 따위의 문장을 중·고등학생들에게 따라 쓰도록 하는 장면은 생각만 해도 웃음이 나온다. 그런데 투표권을 가지고 있는 엄연한 성인들에게 옳은 문장 따라 쓰기라니.

옳은 문장 따라 쓰기처럼 그 효과를 거의 기대할 수 없는 대처 방안들도 꾸준히 유지되는 이유로는 두 가지를 생각해볼 수 있다.

첫째, 그 대처 방안 자체가 '보여주기식'으로 마련되었다는 것이다. 부조리와 보안 유출 등의 문제를 예방하기 위한 대책을 마련해야 하는 상황에서 최대한 효율적인 방안을 모색하기보다 최대한 신속하고 간편하게 마련한 장치, 하지만 가시적인 결과물을 도출해낼 수 있는 장치, 그것이 바로 옳은 문장을 따라 쓰는 서약서인 것이다.

둘째로는 서약서를 쓸 때마다 투덜거리는 병사들의 반응과는 상반되게 이 방안을 시행하는 상급자들에게는 이 방안도 분명 효과가 있다고 평가되는 경우다.

이때 이 방안이 가져올 수 있는 효과는 단 한 가지뿐인데, 그것은 세뇌이다. 세뇌라는 단어가 주는 부정적인 이미지는 제쳐두고 '사람이 본디 가지고 있던 의식을 다른 방향으로 바꾸게 하거나, 특정한 사상·주의를 따르도록 뇌리에 주입하는 일'이라는 사전적 의미만 고려한 표현이다.

옳은 문장을 따라 쓰는 서약서와 매일 밤낮으로 복창하는 육군 복무신조와 병영생활 행동강령, 그리고 매일 부르는 애국가와 날마다 시행하는 육군 도수체조, 앞 장에서 언급한 말투와 용어들의 변화, 두발 규정과 군복 등 이 모든 요소들은 그것이 가져오는 주된 효과가 있을지언정 모두 세뇌의 역할을 한다. 그리고 이러한 세뇌가 가져오는 효과도 분명 존재하며 군대 체계 유지에 기여하는 바가 있다는 것도 자명한 사실이다.

하지만 문장을 달마다 따라 쓰거나 "분대장을 제외한 병사 상호 간에는 명령이나 지시, 간섭을 금지한다"는 지켜지지도 않는 병영생활 행동강령을 밤낮으로 외치는 것 등의 방안이 정말 병영 문제를 예방하는 최선의 방안일까? 그 방안들은 충분한 효과를 내고 있을까?

병사들을 대상으로 한 자살 예방 교육도 마찬가지의 경우다. 교육에 사용되는 자료들은 당연히 밋밋하고 단순하며 교육을 진행하는 사람도 전문 교육자가 아닌 대부분 군 간부가 진행하니 교육적인 분위기 조성이 힘들다.

하지만 이 역시 가장 간단하고 신속하며 가시적인 결과물(교육 실시에 관한 내용을 기록할 뿐 아니라 사진도 촬영한다.)을 손쉽게 얻을 수 있는 방안이다.

그렇다면 꾸준히 실시하는 자살 예방 교육은 효과가 있을까? 자살 예방 교육이 군 자살 사고를 줄였다는 사실을 보여주는 자료는 어디에도 없다. 2011년부터 2020년 8월 31일까지의 군 자살자 및 자살률 현황을 보면 이 사실을 객관적으로 파악할 수 있다.

2012년에는 2011년보다 감소하는가 싶더니 다시 2013년에는 증가하며 이후 2017년까지 줄어들다가 2018년에 다시 증가하고 2019년에는 더 증가했다.

하지만 2020년 8월 31일 기준으로 2020년에는 전년도의 35퍼센트에 불과한 수치를 보이며 큰 하락세를 보인다. 이러한 감소는 군대 내 휴대전화 허용에 따른 효과로 해석된다. 이와 관련해 한 언론사는 군 당국이 휴대전화가 병사들의 고립감 해소에 큰 도움을 준 것으로 분석했다며 다음과 같이 덧붙였다.

"국방부가 본 언론사에 공개한 자료를 보면, 해마다 늘던 병사들의 극단적 선택은 지난해 15건으로 전년보다 44%나 감소했습니다. 탈영도 30% 가까이 줄었습니다."

이후 "휴대전화가 있으니 여러 가지 답답증, 우울증, 고립감 등이 많이 해소됐다고 본다. 전반적인 스트레스가 줄어드니까 사고도 줄어드는 것이다."라고 말한 박찬구 서울대 명예교수의 말과 함께 "군은 휴대전화가 코로나 우울증 극복에도 핵심 기제가 됐다고 평가하고, 전자휴가증을 발급하는 등 휴대전화 활용도를 높이겠다는 방침이다."라고 적었다.

이렇듯 자살 예방 교육이 가져오는 효과는 없다고 봐도 무방하다. 하지만 여기에 분명 많은 금전적, 인적 자원이 투자되고 있으며 이는 병사들의 불평으로 이어질 뿐이다. 이러한 상황으로 미루어 보아 현재의 자살 예방 교육 역시 세뇌의 역할을 넘어서는 효과를 내고 있다고 볼 수는 없는 것이다.

하지만 이외에도 군대 내에서 세뇌의 역할만을 하는 상태로 존재하는 방안들이 상당히 많으며 이러한 역할은 더 효율적인 교육으로 충분히 대신할 수 있다. 오랫동안 이어져 온 방안이라는 전통성과 이 방안이 불러오는 가시적이고 중대한 문제가 없다는 일차원적 사고를 버리고 다양한 분야에서 발생하는 근본적인 문제 해결을 위해 더 합리적이고 효율적인 방안들을 모색할 필요가 있다.

이를 위해서는 병사들의 목소리에 귀를 기울이는 과정이 필수적이다. 서약서를 쓰고 교육을 들을 때 투덜거리는 병사들을 무시할 것이 아니라 그들과 대화해야 한다는 것이다. 논리적 근거 없이 단지 귀찮다는 이유만으로 불평하는 병사들이 있는가 하면 현 방안의 문제점과 더 나은 대책을 가지고 있는 병사들도 항상 있기 때문이다. 병사들과의 소통이 문제 해결의 초석이라는 점은 현재 이 소통이 잘 이루어지지 않고 있다는 이야기이기도 하다.

소통의 결여

한 집단에서 어떤 문제점이 고질적인 문제로 자리 잡는 데는 여러 가지 이유가 있을 수 있다. 그중 두 가지만 이야기해 보겠다.

먼저 그 문제점을 해결해야 한다고 판단하고 그 문제를 해결하기 위한 여러 가지 의견을 제시할 수 있는 사람들이 그만한 영향력을 행사할 수 있는 자리에 도달하기 전에 그 집단을 떠나버린다는 것이다.

한 집단이 동시대의 다른 집단과 비교했을 때 뒤처지게 되는 과정에서는 그 집단 내에 쌓여 온 수많은 비합리성과 비효율성이 뿌리 깊게 자리 잡는다. 이를 바로잡고자 하는 사람들은 그 집단에 오랫동안 힘을 행사하며 깊은 뿌리를 내리고 있는 자들로부터 외면당하고 경원시 된다.

이러한 집단에서 차고 넘치는 고질적인 비합리성과 비효율들은 시대의 변화를 따르지 못하고 윗사람이 만들어내는 비합리와 비효율에 제대로 의견을 피력하거나 개선을 시도하지 못하는 탓에 생겨난다. 그리고 바로 이런 것들이 모여 '그것들과는 맞지 않는' '그것들을 차마 가만히 두고 볼 수 없는' '그것들을 변화시키고 집단 내에 개혁을 만들어낼' 인재들을 집단 밖으로 몰아내는 역할을 한다. 그 수많은 불필요 덩어리들이 문제를 해결할 인재들을 발굴하는 장치인 동시에 인재들을 쳐내는 장치이기도 한 것이다.

그래서 출중한 능력을 가지고 있는 그 인재들은 더이상 그곳에 머물러 있고 싶어 하지도 않을 뿐 아니라 개혁을 할 수 있을 만한 위치까지 올라갈 수도 없다. 이미 그 위에 자리를 잡고 있는 사람들이 자신들의 역사 혹은 삶 전반을 부정하는 젊은이를 가만히 두지 않기 때문이다.

다음은 만약 그들이 그만한 영향력을 행사할 수 있는 자리에 도달한다 해도 그 집단 내에서 그 문제점으로 인해 모종의 이득을 얻는 자들이 권력으로, 때로는 그 이득 자체를 통해 문제점 해결을 위한 시도를 막아버리는 것이다. 이 두 가지 경우 모두 군대에 적용되는 이야기이다.

하지만 그 집단의 '모든' 구성원 간에 원활한 소통이 보장된다면, 계급체계와 한정된 의무 복무기간 등 고정적인 요소로부터 나오는 이 두 가지 이유를 모두 해결할 수 있다.

김진형 전 해군소장은 칭기즈칸의 위대한 업적들이 가능했던 이유 중 하나로 소통을 꼽으며 다음과 같이 말했다.

"병사들의 마음을 헤아렸고, 그 마음을 자기편으로 움직이게 하려고 온갖 노력을 다했다. …(중략) 그는 가급적 자기 주장을 먼저 하지 않고 자유로운 토론을 즐겼고, 시간이 날 때마다 다양한 계층의 군인들과 지속적으로 이야기를 나누며 정보도 얻었다. 계급 고하를 불문하고, 자기 짐은 자기가 들고, 자기 일은 자기가 하면서 부하들과 끊임없이 대화하도록 이끌었다. …(중략) 소통이 매우 중요한 작전의 수단이라는 점을 그

옛날 이미 간파한 것이다."

현재의 군대에서도 소통과 관련해서 여러 가지 제도를 도입해 시행하고 있다. 하지만 이를 통해 온전한 '소통'이 잘 이루어지고 있다고는 생각하지 않는다.

내가 복무했던 부대를 포함해 거의 대부분의 곳에서 주기적으로 마음의 편지라는 제도를 통해 병사들의 애로사항을 조사한다. 하지만 이는 군이 병사들의 이야기를 듣겠다는 말에 그칠 뿐 진정 소통이 되고 있다고 보기는 어렵다. 병사들이 내는 의견에 군은 대부분 묵묵부답이거나 답을 준다고 하더라도 오히려 보복성 대응이나 단호한 거절 결과만 전달될 때가 많다. 물론 문화 개혁이나 제도 개선 등에 대해 우리의 의견을 묻고 함께 대화하는 일 역시 결코 없었다. 한마디로 우리의 이야기를 듣는 귀만 준비됐을 뿐 이에 대해 답변할 입과 행동할 손발은 아직 제대로 마련되어 있지 않다는 것이다.

이러한 상황에서 군의 준비된 '귀'와 미숙한 '손발'이 부정적으로 합을 맞출 경우, 최악의 경우가 발생하기도 한다. 초반부에 사례로 들었던 군대 내 성추행 사건에서 피해자에 대한 회유를 시도하고 피해자와 가해자의 즉각적인 분리 조치를 시행하지 않은 것 등이 그런 경우다. 이와 더불어 군대 내의 문제점을 신고한 신고자를 색출하려는 시도 역시도 여기에 포함된다.

2021년 5월 보도에 따르면, 군인권센터는 지난해 5개월 동안 부대 내

장교들 중 자신의 비위를 상급부대에 보고한 신고자 색출을 시도했던 대대장 하나가 솜방망이 징계를 받고 보직을 유지한 채 2차 가해를 하고 있다고 밝혔다. 이어 군인권센터 측은 "문제를 제기한 간부들은 주요 업무 공지조차 받지 못하고 타 부대 전출을 종용받는 상황"이라며 "가해자는 굳건히 자리를 보전하지만, 부조리를 해결하려던 간부들은 업무에서 배제되고 쫓기듯 나가야 하는 것"이라고 비판했다.

이처럼 병사들 혹은 간부들의 목소리를 들어준다고만 해서 소통이 되고 있다고는 볼 수 없다. 병사들과 간부들이 엄연한 군법위반 사항을 신고했다면 절차대로 신속하게 진행하여 추가적인 문제 발생을 예방하고 피해자를 보호해야 한다.

하지만 군이 들어야 할 목소리는 위반 사항에 대한 신고뿐이 아니며 군법 위반의 범주에 포함되지 않는 애로사항이나 군에 관련된 새로운 아이디어와 다양한 의견들까지도 듣고 반응해야 한다.

이러한 다양한 분야의 소통을 요구하기 전에 군법위반이라는 중대한 사안에 대한 소통도 미흡한 군의 모습은 많은 병사들에게 원활한 소통을 바랄 수조차 없게 한다.

따라서 우리 군은 국방부가 "국민 참여와 소통이 가능한 국방운영체계로 전환함으로써 투명성과 효율성을 강화해 나갈 것이다." 라고 말했듯이 모든 구성원 간의 원활한 소통을 추구해야 한다.

여기서 구성원이란 단순히 병사들과 간부 그리고 주무관 등 군대 내의 인원들에게만 해당하는 개념이 아니다. 군 관련 기사를 다루는 많은 언론과 '육군훈련소 대신 전해드립니다'와 같은 군 관련 민간단체도 포함된다. 군 외부의 단체들도 이 소통의 구성원 내에 포함시키는 이유는 군대 내부에서만의 소통으로는 문제 개선에 한계가 있다는 사실이 명백하기 때문이다. 외부 단체와의 소통에 더 중점을 두는 과정에서 군대 집단의 투명성이 강화됨에 따라 병사들과 같은 군 내 구성원들도 더 원활하고 믿음직한 소통의 분위기가 형성되었다고 느낄 것이다.

군이 이렇게 원활한 소통의 장을 만들고 병사들의 목소리에 더 귀를 기울이면서 전통과 관습보다는 합리성과 효율성(그것이 악습을 통한 군기 유지가 아니라 환경 개선을 통한 선진 병영 문화 창출을 도모한다는 점에서)을 우선시 할 줄 아는 군대 문화를 이룩해야 한다.

국방부는 이렇게 얘기한다.

"권위주의적 위계 구조를 본질로 하는 군대 조직에서 합리성과 인간의 의지, 그리고 인간 존중의 가치를 강조하는 것은 전쟁 역시 인간이 하는 일이라는 점을 일깨워 준다."

국방부가 말하는 합리성과 내가 강조한 합리성의 성격은 조금 다를지 몰라도 군대도 결국 인간들이 이끌어나가는 곳이라는 것을 일깨워 준다는 점에서 맥락을 같이한다.

국방부는 현재 국방개혁의 추진, 국방운영체계 전환, 병영생활 여건 개선, 선진병영문화 정착, 군인복무기본법 제정, 장병 대상 복지 확대 등 다양한 측면으로 우리의 18개월을 신성하면서도 보람찬 군 복무기간이 될 수 있게끔 노력하고 있다. 이러한 현황은 내가 지금까지 논했던 '우리가 18개월을 빼앗긴다고 생각하게 만드는 군대의 다양한 부정적 요인들'이 점차 개선될 것이며 군 집단 차원에서 노력하고 있다는 것을 보여준다.

그렇다면 이제 시간을 좀 갖고 기다리면 우리는 정말 보람차고 의미 있는 18개월을 보낼 수 있다는 뜻일까? 실은 그렇지 않다. 우리가 열정적인 애국자가 아닌 무기력한 수감자가 되어가는 과정은 군대의 책임만이 아니기 때문이다.

우리가 우리 자신의 문제점을 먼저 파악하고 개선한다면, 군대의 문제점은 우리에게 극히 작은 것이 되어버린다. 이러한 관점에서 해석해보면 우리 스스로가 무기력한 수감자가 되도록 만드는 것은 결국에는 우리 자신이라는 것을 알 수 있다.

군대가 군대 차원의 문제점을 파악하고 개선하는 자세를 취하듯 우리도 그와 동일한 자세를 취해야 한다. 군대의 문제점은 우리가 그것들을 파악하고 그것들이 내게 어떠한 영향을 끼치는지 인지하고 있는 것으로 충분하다. 이로써 우리는 최소한의 대비는 마친 셈이며 이에 대한 근본적인 문제 해결은 군 집단의 주도 아래 우리의 외부에서 이루어지고 있기 때문이다.

따라서 다시 한번 강조하자면 이제 우리는 우리 자신의 문제점들을 파악하고 이들을 우리 내부에서 우리 자신의 주도 하에 해결해 나가야 한다.

CHAPTER 4

18개월을
되찾기 위한 준비

선행되어야 할 조건들

군대에서 보내야 하는 18개월의 젊음은 바로 우리 손에 달려 있다. 물론 선행되어야 할 조건들이 있다. 바로 마음가짐과 목표의식이다. 확고한 마음가짐과 뚜렷한 목표의식이 후회 없는 18개월을 보내는 기본 바탕이다.

확고한 마음가짐과 뚜렷한 목표의식이라는 말은 사실 너무 빤한 소리처럼 들린다. 하지만 분명한 것은 그 빤하고 흔한 말에 집중해야 한다는 것이다.

아직 입대하기 전이라면, 주위 전역자들에게 군 생활이 얼마나 보람 있는지, 얼마나 의미 있게 보냈는지 물어보라. 만약 독자가 현역 병사라면 주변 전우들에게 물어보는 것만으로도 충분할 것이다.

확고한 마음가짐과 뚜렷한 목표의식이라는 말을 흔한 소리로 느끼게 된 것은 아무리 말해도 사람들이 이 두 가지를 지키기가 쉽지 않기 때문이다.

이 책을 읽고 있는 독자는 분명 18개월 동안의 군 생활을 의미 있고 후회 없이 보내고 싶다는 마음을 가지고 있을 것이다.

하지만 장담하건대, 그런 마음을 한 번도 먹어보지 않은 사람은 없다. 다들 각자 군 생활 동안 이루고자 하는 자신만의 계획이 있었고, 목표가 있었다. 마치 내년에는 중학교 2학년이 되니까 혹은 내년에는 고등학교에 입학하니까 자기 나름대로 공부 계획을 세우던 우리들의 과거와 같다.

그러나 군 생활을 해오는 동안 전공 공부, 운동, 다이어트, 금연, 군것질 끊기, 욕설 끊기, 영어 공부, 자격증 공부 등의 목표를 세웠었다는 많은 주변 사람들의 이야기는 들어보았어도 실제로 꾸준한 실천으로 이어진 것은 손에 꼽을 정도이다. 물론 나도 지키지 못한 목표들이 있다. 이것은 자연스러운 현상이라고 본다. 확고한 마음가짐과 뚜렷한 목표의식이 없는 상태라면 말이다.

어떤 목표를 달성하겠다는 의지와 그 목표를 우리가 왜 달성해야 하는지에 대한 이유가 명확하다면 우리는 우리의 목표를 더 쉽게 달성할 수 있다. 의지도 있고 목표의식도 있는데도 행동으로 옮기기가 쉽지 않다면 얼마나 간절한가의 차이일 수도 있을 것이다.

어제 보냈던 하루처럼 남은 군생활 전부를 보낸다면 후회가 없는지 물었던 질문을 기억하는가? 이 질문을 항상 마음속에 지니고 있길 바란다. 전역을 하는 날은 어차피 온다. 우리가 중징계를 받아 군기교육대에 다녀오거나 하지 않는 이상 원래 정해진 전역 날짜에 우리는 알아서 전역한다. 군 복무 18개월과 내 전역일은 정해져 있는 불변의 날짜다.

그렇다면 중요한 것은 그 18개월을 우리 인생에 있어 어떤 시기로 만드느냐와 지금의 우리와 전역일의 우리는 얼마만큼 달라져 있느냐이다. 지금 우리 부대에 있는 사람들 중 '내일 아침에 눈을 떴더니 당장 본인의 전역일이라면 어떨 것 같냐'는 질문을 받고 긍정적인 답변을 한 사람은 수없이 많다.

내일 아침 바로 전역을 할 수 있다는 간단한 문제가 아니다. 오늘과 전역일 사이에 남은 모든 시간이 사라진다는 이야기임에도 사람들은 '남은 군 생활'은 '남은 젊음' 혹은 '남은 기회'로 보지 않는다. 이러한 반응은 참 역설적이지 않을 수 없다.

우리가 군 생활을 '빼앗기는 시간', '버려지는 시간', '썩은 시기'로 받아들이는 가장 기본적인 이유는 무엇인가? 군 생활로 보내는 시간보다 더 나은 시간을 보낼 수 있다는 기회비용 때문이지 않은가.

"군대만 아니었으면 지금 스펙도 쌓고 자기계발도 할 텐데."

"군대만 아니었으면 지금 대학교에서 공부도 하고 친구들과 신나게 놀고 있을 텐데."

"군대만 아니었으면 지금 세계를 여행하고 다닐 텐데."

"군대만 아니었으면 그 시간 동안 꿈을 향해 한걸음이라도 더 나아갈 수 있을 텐데."

군대에서도 자기계발을 할 수 있고 공부도 할 수 있다는 이야기는 제쳐두고, 지금보다 더 '나은' 시기를 보낼 수 있을 거라는 생각에 군 생활에 대한 회의를 느끼면서 당장 지금 그 시기를 더 '나은' 시기로 만들기 위한 노력은 하지 않는다는 것은 참 역설적이다. 어쩌면 이는 군대라는 요소가 대한민국 사회와 모든 주변인들까지도 인정해 줄 만한 완벽한 변명거리가 되어버렸기 때문일 것이다.

이 최악의 변명거리는 심할 경우, 국가를 탓하며 자신의 나태함을 합리화하는 데 사용되기도 한다.

우리 부대 중대장님께서 오신 뒤 병사들을 모아놓고 처음으로 하셨던 말씀이 떠오른다.

"아무도 보지 않는 곳에서 자기 자신을 속이지 않는 것이 가장 어려운 일이다."

아무도 보지 않는 곳이란 의미는 단순히 공간적인 의미뿐만 아니라 우리 스스로와의 대화이기도 한 우리 내면을 뜻하는 것이기도 하다. 남들이 알아차릴 수 없다고, 남들이 나의 비겁함과 나약함을 손가락질할 수 없다고 해서 우리 스스로 자신을 속이지 말아야 한다. 이것은 물론 중대장님의 말씀처럼 평범한 인간으로서 가장 어려운 일 중 하나일 것이다.

하지만 자신의 인생은 스스로 써나가야 하고, 따라서 자신을 속이고 합리화하면서 시간을 낭비하는 것만큼이나 자기 자신을 속이는 일도 없을 것이다.

따라서 다시 한번 강조하자면 환골탈태하는 마음으로 의지를 다져야 한다. 군대는 사회와 단절된 공간이다. 처음 보는 사람들과 함께 생활하는 집단이다. 누구도 우리의 현재와 미래를 책임져 주지 않으며 누구도 나의 나태함을 지적하지 않는다. 잔소리를 하는 부모님이나 선생님도 없고 사회에서의 삶을 일깨워 줄 만한 요소도 드물다. 그저 군 생활에 대해 그동안 들어오고 봐왔던 것처럼 그리고 지금 우리가 주위에서 보고 있는 것처럼 하루하루를 흘러가는 대로 살아가게 된다. 이를 막을 수 있는 유일한 방법은 우리 자신의 마음가짐뿐이며 이 마음가짐은 우리의 목표의식에 기반을 둔다. 목표가 없다면, 그리고 이 목표를 꼭 이루어야 하는 이유가 없다면 마음을 다잡을 수 없는 것은 당연하다.

목표는 클수록 좋다. 일단 큰 목표를 잡으면 그 큰 목표를 이루기 위한 작은 목표들이 생기기 마련이다. 목표는 많아도 괜찮다. 많은 목표를 동시에 추구하는 것이 힘들더라도 하나의 목표를 달성한 뒤 그다음 목표로 넘어가면 되기 때문이다.

단 하나 주의할 점은 이 목표 설정에 스스로 한계점을 두지 않는 것이다. 보통 군대에서는 어떤 운동을 한다거나 자격증을 준비한다거나 하는 등 목표를 설정한다. 우리 자신의 목표를 설정하는 데에 또다시 주위 사람들을 의식하지 말자.

나는 군 생활을 하는 동안 약 열 개에 달하는 목표를 세우고 도전했다. 그중에는 독자가 읽고 있는 이 책의 출판도 포함되어 있었고 이렇게 성공했다. 군대 안에서 책을 쓰고 출판을 하겠다는 목표는 그 어디에서도 들어본 적이 없다. 내가 만약 나의 맨 처음 목표였던 한국사 자격증과 컴퓨터활용능력 자격증 취득처럼 주변에서 들었던 일반적이고 비교적 가능해 보이는 목표만을 계속 고수했다면 이 책은 나오지 않았을 것이다.

또한 나는 군대에서 개인사업자 등록을 하고 만 20세의 나이에 처음으로 소득신고를 해보았다. 개인사업자 등록을 할 당시 사업을 해보겠다는 것이 목표였고, 군대에 있다는 여건을 핑계 삼아 내 목표에 제약을 두기 싫었다. 결과적으로 도중에 한계를 느껴 무소득 소득신고를 한 뒤 사업 도전은 실패로 남았지만 매우 소중한 경험으로 남아 있다.

물론 군인은 월급 이외의 소득을 얻어서는 안 된다.(주식과 가상화폐는 제외한다.) 물론 소득을 내지는 않았기 때문에 군법상 문제가 되지는 않지만 사업을 통해 수익을 내려는 시도를 했다는 것 자체로 비판의 여지가 있음은 인정한다. 나도 독자들에게 이렇게 군법에 반하는 행동까지 해가며 본인만의 크고 담대한 목표를 이루라고 이야기하는 것은 아니다.

내가 이 사업 이야기를 꺼낸 것은 이 정도로 편견 없이 본인이 진정 이루고 싶은 목표나 꼭 한번 도전해보고 싶은 것을 찾은 다음, 군대에서 해볼 수 있는 것이라면 무엇이든지 시도해보라는 말을 하고 싶었기 때문이다.

군 복무를 하면서 이 책을 출판한 나의 사례가 이 글을 읽고 있는 모든 독자들이 더 자신감 있고 당당하게 목표를 설정하고 그 목표를 달성하겠다는 굳은 마음가짐을 갖는 데에 조금이나마 보탬이 되기를 희망한다.

주체성의 상실

군대에서 일어나는 문제들은 대부분 '보여주기식' 문화에서 비롯된다. 그렇다면 우리 각자는 어떤가? 군 생활을 하는 우리 병사들의 경우 주체성을 잃어버리게 되는 데서 다른 문제들이 나타난다. 주체성의 상실은 사고와 행동 모두에서 발견되는 것이지만 행동에서의 주체성, 능동성을 잃어버리는 경우는 대부분 주체적이고 능동적인 사고를 잃었기 때문이다.

여기서 한번 더 우선순위를 따져야 한다. 우리의 사고는 무의식의 영향을 우선적으로 받기 때문이다. 우리의 의식적 사고와 행동은 결국 무의식으로부터 나온다는 것이다.

우리 인간은 하루의 90% 이상을 무의식의 지배 아래 살아간다는 이야기를 들어보았을 것이다. 그렇다면 병역을 수행하고 있는 우리들의 90%는 무엇으로 채워지는가. 즉 우리의 무의식은 무엇으로 채워지는지가 굉장히 중요한 문제가 된다.

우리는 어렸을 때부터 주변 곳곳으로부터 알게 모르게 군대에 대한 수

많은 이미지를 주입받아 머릿속에 저장하고 있다. TV에 출연한 방송인들이 풀어놓는 군대 이야기 또는 유튜버들이 묘사하는 군대 이야기를 통해 갖게 되었던 군대의 모습을 떠올려보자. 하나같이 일반 사회에서는 존재하기 힘든 일들이며 군대의 특성인 계급사회와 상명하복의 성격이 뚜렷하게 드러나는 에피소드들이 대부분이다.

군대라는 조직은 지금 우리가 살아가는 사회 환경과는 전혀 다르다는 것을 알고 있다. 누가 모르겠는가. 군대는 내가 살아가는 일반적인 사회와는 전혀 다른 곳이며 그 '다름'은 당연하고 자연스러운 일이라는 인식이 생긴다. 그리고 자연스럽게 나도 군대에 가면 그때까지 흡수해 받았던 인식과 마찬가지로 그렇게 될 거라고 당연하게 받아들인다.

물론 군대가 상명하복의 사회이며 이것은 어느 정도는 분명한 사실이고, 이러한 생각 자체로 문제가 되지는 않는다.

하지만 상명하복이 원칙인 계급사회로 들어가고 그것을 받아들인다는 생각은 단지 그 생각만으로 끝나지 않는다. 더 나아가 '하라는 것만 한다.' '하지 말라는 것은 안 한다.' '시키는 방식대로만 한다.' 등의 생각을 하며 군 생활을 준비하게 되고 이는 자기 자신을 수동적인 인간으로 만든다.

명령에 따르고, 해서는 안 되는 행동이 있다면 하지 않는 것은 당연하다. 하지만 이와 같은 행동이 수동적인 태도로 군 생활을 하라는 의미는 아니다. 그렇게 된다면 어떤 시간도 의미를 찾기 어렵다. 그 시간을 수동적인 태도로 보낸다면 말이다.

하지만 우리는 이러한 생각들을 가진 채로 입영하게 된다. 그리고 우리는 바로 훈련소로 향한다.

훈련소는 입대하기 전에 살아왔던 우리 자신을 잊고 군인으로 재탄생 시키기 위해 존재하는 곳이다. 앞서 말했듯이 군대는 우리가 살아오던 일반 사회와는 확연히 다르기 때문에 훈련소와 같은 재사회화 기관이 필요한 것이다. 그리고 이 재사회화 과정에서 우리는 사회에서 우리가 군대에 대해 가지고 있던 관념들을 재확신하게 된다.

조교들은 우리에게 얼차려를 주고 고함을 지르며 로봇처럼 명령대로만 움직일 것을 강조한다. 자신의 판단에 의해 움직일 수 없고 화장실조차 조교들의 허락이 없으면 갈 수가 없다. 화장실에 가는 것조차 타인의 허락이 필요한 그곳에서 우리가 어떤 주체성과 능동성을 키울 수 있겠는가?

사회와 단절된 채로 이러한 훈련소에 한 달 이상 있다가 이제 자대로 배치받게 된다. 자대에서도 전입 초반에는 훈련소와 크게 다르지 않다. 오히려 이제는 더 많아진 선임들의 눈치를 봐야 하고 부대마다 존재하는 관습과 규칙에 따라야 한다. 이러한 과정에서 우리는 의식적으로 또다시 수동적인 태도를 취하게 된다. 문제는 명령에 복종하고 규칙을 따르겠다는 의미의 수동적 태도가 군 생활 18개월 전체를 주체성을 상실한 채 보내게 되는 전혀 다른 의미의 수동적 태도로 자연스럽게 이어진다는 것이다.

이러한 과정을 통해 우리의 무의식은 더 완벽하고 체계적으로 군대에 최적화된다. 애초에 군대에서 살아가며 그것도 능동적인 태도나 주체성 없이 흘러가는 대로 생활하는 데 무의식이 적응하지 않을 수가 없는 것이다. 또한 날마다 우리는 육군복무신조를 외치고 애국가를 부르며 국군도수체조를 한다. 모두 같은 머리를 하고 같은 옷을 입은 채 같이 자고 같이 일어나는 이곳에서 우리의 무의식이 어떤 방식으로 적응할지는 너무나 뻔한 이야기다.

자대에 배치돼 군 생활을 조금만 해보아도 알게 되지만 우리는 곧 멍을 때리면서도 육군복무신조를 끝까지 제창하고, 국군도수체조를 완벽히 해낼 수 있는 경지에 이를 수 있다.

우리의 무의식이 점점 지배당하는 이유는 이뿐만이 아니다. 같이 군 생활을 하는 간부, 선임, 동기, 후임들도 우리들의 정신이 깨어 있을 수 없도록 하는 데 큰 역할을 한다. 일단 그들은 군 생활 중 99% 이상을 우리를 하나의 군인으로서 대한다. 인간이라는 존재가 아니라 일병, 상병, 근무자로서의 우리로 대한다는 것이다. 또한 나 스스로도 부대 조직의 구성원으로서 자신의 계급과 위치에 대해 끊임없이 생각하고 그에 맞게 행동한다. 당연한 현상이지만 이러한 생각 하나하나가 점점 내 무의식을 부대 안에만 묶어 두는 역할을 한다.

또한 부대에서 만난 사람들은 기존의 우리라는 사람을 알지 못하기 때문에 그저 부대에 전입을 온 뒤에 보여지는 우리의 모습, 우리의 말과 행동을 보고 판단한다. 한마디로 그들은 우리를 정말 단순하고 쉽게 판단하고 또 평가한다는 것이다.

타인들이 나에 대해 쉽게 평가할 수 있는 자리에 나를 두지 말라는 이야기가 있다. 이는 지금껏 얘기한 다른 요인들이 우리의 무의식에 미치는 영향과 같은 작용을 염두에 두고 하는 말이다.

독일 철학자이자 교수인 다비트 프레히트는 "인간 행위의 대부분을 무의식이 책임지고 있다"고 말하며 "인간이 내리는 결정 중에서 약 90퍼센트는 무의식적인 곳에 그 동기가 있다는 점"을 확신한 프로이트를 소개한다. 이어 프레히트는 "프로이트가 전반적으로 옳았음을 고백하지 않을 수 없다. 우리의 뇌에서 진행되는 활동 중 대부분은 무의식에 의해 이루어진다. 따라서 우리에게 엄청난 영향력을 지닌 것도 의식보다는 오히려 무의식이다. 무의식적인 지각이 통상적인 경우이고, 의식적인 지각은 물론 우리에게 특별히 중요한 의미를 지녔음에도 불구하고 예외적인 경우라는 것이다. …(중략) 여기에서 특히 주목할 점은 의식적인 기능은 철저하게 무의식의 도움에 의지하고 있다는 것이다." 라고 적었다.

이렇게 우리의 전반적인 삶에 있어 중요한 역할을 담당하는 무의식이 군대 내에서는 주체성을 상실한 채, 마찬가지로 주체성을 잃은 의식과 서로를 더욱 수동적으로 만드는 악순환의 고리를 형성한다. 국방부도 현 시대의 장병들에게 수동적인 태도를 지양하고 보다 자발적이고 적극적인 태도를 가지라는 내용을 교재에 다음과 같이 적고 있다.

"목숨을 건 임무라도 명령이 떨어지면 반드시 완수하겠다는 철저한 상명하복의 정신이야말로 참군인의 자세인 것이다. 그러나 시대 변화에 부합하는 상명하복 정신 또한 필요하다. 상관으로부터 명령이나 지시를 기다리며, 수동적으로 복종하는 방식은 21세기 시대정신과 부합하지 않는다. 상관으로부터의 일방적인 지시에 따라 움직이기보다 자발적이고 창의적으로 자신에게 주어진 임무를 수행하는 것이 현대를 살아가는 참

군인의 적극적인 태도인 것이다."

그렇다면 주체성을 잃은 우리의 무의식에 다시 주체적이고 능동적인 성격을 불어넣을 수는 없을까? 이를 통해 궁극적으로는 주체적이지 못한 무의식으로부터 비롯되는 주체성을 잃은 의식과 행동까지도 변화시킬 수는 없을까?

이런 경우에 우리가 사용하기 좋은 것이 있다. 군대와 같은 특정한 환경적 요소가 제한하기 가장 힘들면서 우리가 원하는 만큼 무궁무진하게 이용할 수 있는 것이 있다. 바로 생각이다. 우리가 군대에 있든 감옥에 있든 모르는 섬에 혼자 있든 장소에 상관없이 우리는 어떤 생각이든 우리가 하고 싶은 만큼 할 수 있다. 그리고 군대에는 우리가 목표를 향해 다가가는 과정을 도와줄 멘토나 부모님도 없다. 그 과정을 계획하고 실행하고 분석하고 수정할 수 있는 나 자신밖에 없다는 것이다.

우리 스스로 생각하며 자신을 컨트롤 하고 나의 목표로 나아갈 수 있어야 한다. 그러기 위해서 주체적으로 생각하는 힘이 꼭 필요하다.

주체성 되찾기

우리 일상의 90퍼센트를 책임지는 무의식의 주체성을 되찾아 우리의 사고와 행동 전반의 주체성을 회복하기 위해서는 제일 먼저 깨어 있어야 한다. 한마디로 무의식을 바꾸기 위해 의식을 사용해야 한다는 것이다. 얼핏 보면 헷갈릴 만한 말이지만 매우 당연한 사실이다.

우리 자신의 습관 하나씩을 떠올려보자. 우리에게 그 습관은 행동의 무의식과도 같다. 손톱을 물어뜯거나 다리를 떨거나 머리를 만지는 행동 등은 의식적으로 하게 되는 것이 아니며 나도 모르게 행동으로 드러난다.

그렇다면 이와 같은 습관을 고치기 위한 방법은 무엇인가? 그렇다. 당연히 의식적으로 행동을 통제하는 것이다. 애초에 습관이 나오지 않도록 신경을 쓰거나 습관이 나왔다는 것을 인지하면 바로 행동을 멈추는 등 우리의 의식적인 행동을 통해 무의식적 행동인 습관을 고치는 것이다.

이제 한번 생각해보자. 당신이 요즘 집중하고 있는 것은 무엇인가? 지난 한 달 혹은 일주일 아니 어제 무엇에 집중하며 지내왔는가? 아니면 더 간단하게 어제 무슨 생각을 하면서 하루를 보냈는가? 답하기 힘들 것이다. 답하는 과정에서 여러 가지 자기 합리화와 변명이 끼어 들 수도 있다.

하지만 솔직해져 보자. 만약 독자가 군 복무 중이라면 그저 깨울 때 일어나서 주는 밥을 먹고 점심은 뭐가 나오는지 궁금해하며 시키는 작업 좀 하다가 잠깐 누워서 쉬고 점심 먹고 근무를 나가면서 투덜거린다. 근무를 설 때는 사수의 말에 맞장구를 치거나 부사수에게 본인 이야기나 풀어주면서 시간을 보내다가 복귀해서 다시 저녁을 먹고 핸드폰을 받는다. 핸드폰을 받은 뒤? 그 뒤는 본인이 무엇을 했는지는 기억해도 무슨 생각을 했는지는 더욱 기억하기 힘들 것이다. 그리고 나서는 핸드폰을 반납하고 일찍 잠자리에 들거나 TV를 보다가 잠자리에 들면서 하루를 마무리한다. 이게 바로 주체성을 빼앗기는 최고의 방법이자 18개월을 보내는 최악의 방법이다.

군대에서 편히 쉬다가 몸 건강하게 전역하는 것이 목표의 전부가 아니라면 말이다. 그렇다면 군 생활 중 깨어 있는 상태를 최대한 오래 그리고 자주 유지하기 위해서는 어떻게 해야 할까?

의식하기

여기서 의식하기란 두 가지를 의미하는데, 하나는 우선 사회적 통념처럼 알려져 있듯 문제 해결의 첫걸음은 문제가 있음을 인식하는 것이라는 의미에서의 의식이다.

앞에서 다룬 수많은 요소들이 우리의 무의식에 영향을 주고 그럼으로써 의식과 행동에까지 영향을 미친다. 비록 이러한 점을 의식하더라도 구체적인 행동 측면에서 많은 변화가 동반되지 않을 수도 있다.

하지만 그렇더라도 특정한 관습이나 요소들이 우리 자신에게 주는 영향을 인지하고 있는 상태에서 이를 경험하는 것과 아무것도 모른 채 경험하는 것은 매우 큰 차이가 있다. 이러한 사실을 인지하고 우리 무의식을 조금 더 능동적으로 그리고 긍정적인 방향으로 바꾸겠다고 생각하는 것이 깨어 있는 군 생활의 첫걸음이다.

우리 주위의 다양한 요소들이 우리의 무의식에 영향을 줄 수 있다는 사실을 인지함으로써 우리는 자연스럽게 평소에는 무심코 지나쳤던 많은 것들이 우리의 무의식에 어떠한 영향을 줄지 판단하고 평가하게 된다. 이를 통해 점점 수동적으로 굳어지는 우리의 무의식을 보호하고 더 능동적인 사고를 갖게끔 하는 것이 첫 번째 의미의 의식이다.

두 번째 의미의 의식은 어떠한 사실을 인식하는 것과는 달리 무의식의 완전한 반대로서의 의식이다. 이는 의식의 사전적 의미에 가까운데 '깨어 있는 상태에서 자신이나 사물에 대하여 인식하는 작용'이 그것이다. 즉 깨어 있는 상태에서 현재를 특히, 나 자신의 상태를 인식하는 것으로, 자기 자신이나 주변 환경에 대해 있는 그대로 지각하는 명상기법 등과도 관련이 있다.

하지만 나는 이와 관련된 구체적인 명상기법을 찾아 적용해본 적도 없을 뿐더러 이 '의식하기'를 명상의 용도로 사용한 적도 없다. 나는 단순히 우리 일상의 대부분을 차지하는 무의식의 비율을 줄이고 최대한 많은 시간을 깨어 있는 상태로 현재를 의식하며 보내고 싶다는 마음에 이러한 방법을 사용했다.

하지만 독자도 시도해보면 금방 알 수 있겠지만 '지금부터 나 자신의 상태와 내가 살아가고 있는 현재에 대해 자주 의식해야겠다.' 라고 마음을 먹어 봤자 단 3분도 채 지나지 않아 까먹을 것이다. 따라서 이때는 한 가지 키워드를 정해놓는 것이 좋은데, 이 키워드는 본인의 목표가 될 수도 있고, 본인이 원하는 본인의 미래 모습 등으로 정해도 좋다.

이제 단순히 의식하겠다는 마음을 먹는 것이 아니라 우리 스스로가 정한 그 키워드를 최대한 자주 떠올리려고 노력하는 것이다. 일상 속에서 틈틈이 그 키워드를 떠올릴 때마다 본인의 목표와 추구할 미래가 떠오를 뿐만 아니라 일상 속 무의식의 비율을 줄이고 최대한 주체적인 삶을 살기 위해 노력하고 있다는 사실도 다시 한번 상기할 수 있게 된다.

물론 이도 그저 속으로만 생각하고 다짐할 경우 자주 의식을 해야겠다고 마음먹는 것과 마찬가지로 초반에는 쉽게 생각나지 않는다. 그래서 나는 하루하루를 더 오랫동안 깨어 있는 상태로 보내겠다고 처음 다짐했을 때, 매일 아침 일어나자마자 펜으로 내 양쪽 손등에 점을 찍은 적도 있었고 나중에는 내 목표들을 적어놓은 수첩을 항상 주머니에 넣고 다니곤 했다. 이를 통해 그 점을 보거나 수첩을 만질 때마다 즉각 의식 상태로 전환되는 경험을 할 수 있었다.

앞서 말했듯이 우리는 의식을 통해 무의식을 바꿀 수 있으며 우리 자신의 무의식에 관심을 갖고 이를 긍정적으로 바꾸겠다는 의식은 그 자체로 효과적이다. 이러한 의식이 가져오는 가장 긍정적인 효과는 우리 자신으로 하여금 주체성을 되찾는 추가적인 행동들을 생각하고 찾아보고 실행하게끔 한다는 것이다. 여기서 추가적인 행동이란 다음과 같은 것들이다.

제시간에 기상하기

우선 '기상 방송이 울리자마자 일어나기'이다. 기상 방송이 울려도 어느 정도 짬이 좀 찬 사람들부터는 누워서 버티거나 후임이 깨우기 전까지 아예 더 일어나려고 하지도 않는다. 당신도 지금 그러고 있지는 않은가. 이러한 행동은 일어나자마자 그날 하루를 굴복하며 시작하는 것이며 그 하루의 시작을 수동적으로 만드는 행위이다. 눈 뜨자마자 피로에 굴복하고 방송 소리와 함께 켜지는 형광등에 인상을 찌푸리며 이불로 얼굴을 덮을 때 이미 그 하루의 시작은 불편하고 혼란스러워진다. 이러한 모습에서 그의 주체성이나 능동성이라고는 찾아볼 수가 없다.

후임이 깨워줄 때까지 계속 자는 것도 마찬가지이다. 진정 본인이 이뤄내고 싶은 목표가 있고 이를 스스로 쟁취하고자 하는 사람은 절대 하루를 수동적으로 시작하지 않는다. 기상 방송이 울리자마자 자리에서 일어나 침상을 정리하고 바로 세면실로 간다. 바로 세면을 하러 가는 이유는 세면실로 향함과 동시에 침대와 몸을 떼어놓을 수 있기 때문이다.

누구나 12시쯤 잠자리에 든 뒤 아침 6시 반에 벌떡 일어나려 하면 한

번에 성공하기는 힘들 것이다. 심지어 조금 더 자도 괜찮은 상황이라면 더욱 그렇다. 나 역시도 이 습관을 들이기 시작할 즈음에는 몸을 일으켜 눈을 비비고 잠시 멍을 때리다가 다시 누워버리기도 하고 일어나서 침낭을 정리한 뒤 다시 엎어져 버리기도 했다. 그러다가 이렇게는 안 되겠다 싶어 일어나서 침대 정리부터 하면서 몸을 좀 움직인 뒤, 바로 칫솔에 치약을 짜서 세면실로 간다. 그리고 이렇게 기상한 뒤에 아침 점호를 나가면 점호를 받기 위해 서 있는 전 인원 중에 자신이 가장 또렷한 정신으로 깨어 있다는 것을 느낄 수 있다.

피곤하고 멍한 정신으로 하루의 시작을 맞이하는 수많은 사람들 사이에서 자신만은 능동적이고 맑은 정신으로 하루를 시작한다는 느낌은 언제나 만족스럽다. 그리고 아침 점호를 받으면서 오늘 하루는 무엇을 언제 어떻게 할 것인지, 오늘 확인해보거나 끝내야 할 일은 없는지 생각하며 하루를 계획할 수 있다.

수용하기 전, 주체적 판단

내가 사용하는 또 하나의 방법은 군대의 모든 것을 받아들이기 전에 이해하려고 노력하는 것이다. 먼저 밝히자면 나는 이것이 가장 힘들다. 이는 군 생활 중에 주위에 존재하는 모든 일이나 지시사항 또는 규칙에 대해 그 이유를 물으며 왜 그런지, 왜 그래야만 하는지 먼저 생각해보는 것이다. 쉽게 말해 수동적 태도가 아니라 능동적 태도를 취하라는 말이다. '하라면 해야지.' '아, 저렇게 하는 거구나, 나도 따라 하면 되겠네.' '원래 이런 거겠지.' 하면서 무조건적인 수용을 하는 것이 아니라 먼저 그에 대해 분석해보고 이해해보고 생각해보라는 것이다.

물론 그 과정에서 이해가 안 된다고 해서 받아들이지 말라는 말은 아니다. 일단 우리는 해야 한다. 단, 그냥 생각 없이 시키는 대로 하는 것과 '아, 이러이러한 이유로 지금 우리가 이 행동을 해야 하는 거구나.' 라든가, '이건 좀 비효율적인 것 같은데? 이런 방식으로 하면 더 낫지 않나?' 라고 생각하면서 그 일을 하는 것은 큰 차이가 있다.

여기에 내가 이 방법을 가장 힘들어하는 이유가 있다. 모든 것들을 받아들이기 전에 일일이 생각하고 이해하는 과정이 힘들다고 생각할 수도 있겠지만, 오히려 그 과정보다는 결과가 우리를 더 힘들게 한다.

이러한 사고방식을 더 자주 그리고 더 능숙하게 일상에 사용할수록 군 생활은 더 힘들어진다. 불평과 짜증이 많아지게 되고 부정적인 생각이 많아진다. 한마디로 군대에서 이러한 생각은 열이면 아홉 부정적으로 이어진다. 내가 이 방법이 힘들다고 말한 것이 바로 이런 부분이다. 군 생활 중에는 이해할 수 없는 일이나 비논리적, 비효율적이라고 느끼는 일이 정말 셀 수 없이 많이 생긴다. 물론 우리가 그걸 비논리적, 비효율적이라는 것을 알아차렸다면 말이다. 어쨌든 이렇게 매번 그러한 일이 생길 때마다 머릿속에서는 온갖 물음표들이 난무하게 되고 나 스스로가 지금 이해할 수 없는 행동을 하고 있다는 사실에 짜증도 난다. 그래도 이러한 사고방식은 계속 강조하듯이 능동적인 자세를 갖게 한다.

하지만 나는 이 방법을 계속 사용하다가 한계점에 봉착했는데, 매번 이렇게 능동적인 태도로 생각하는 습관을 들여놓은 이후부터는 단순히 부정적인 생각을 하며 불평만 만드는 듯한 습관이 되어버렸다는 것이다. 매번 '아, 이건 또 왜 이렇게 하나.' '아니 이거를 왜 지금 해야 하지?' 등등 매번 불평과 불만으로 끝을 맺었다. 그래서 나는 단순히 모든 일에 대해 이해하고 받아들이는 것 외에 한 가지를 더 추가했다.

문제를 인식하는 것이 먼저다

그것은 바로 나 스스로 더 나은 방안을 생각해보고 이를 실제로 부대에 적용하려는 노력을 하는 것이다. 어떤 것을 이해하고 수용하는 과정에서 비효율적인 면이 있다고 생각했다면 더 나은 방법은 무엇인지 어떻게 하면 더 효율적일지 고민해보고 이를 직접 적용할 수 있는 방안을 찾아내는 것이다. 이 방법을 통해 부정적으로만 이어진 생각이 아무런 결과 없이 그저 불평, 불만으로 끝나게 되는 상황을 해결할 수 있다.

나는 실제로 이 사고방식을 적용하여 우리 부대 내에서 지난 몇 년간 혹은 몇십 년간 이어져 내려온 여러 방식이나 물건들을 직접 아이디어를 건의하여 바꾸기도 하였다. 몇 가지 실제 사례를 말해보겠다.

세절기는 종이를 파쇄 처리하는 기계로, 그 내부에 있는 종이 쓰레기 저장용 통이 꽉 차면 비워 줘야 하는데 한 번은 우리 부대 상황실에 있는 세절기를 비우던 중이었다. 세절기에서 나오는 종이 쓰레기의 양이 꽤 많았기 때문에 우리는 평소 부대 내 대형 쓰레기통에 씌워 놓는 비닐봉지를 가져와 쓰레기통에 담긴 쓰레기를 봉지 안에 옮겨 담았다. 한 사람이 정육면체 모양의 통을 들고 다른 한 사람이 쓰레기 봉지에 파쇄지를 부어 담는 식이었다. 그 과정에서 종잇조각뿐 아니라 가루에 가까운 먼지들도 수없이 날렸으며 통 속 쓰레기가 과도하게 차 있는 경우에는 서로 뭉쳐져 잘 나오지도 않아 직접 손으로 옮겨 담기도 했다. 이렇듯 세절기 통을 한 번 비우는 게 일이었는데, 아무래도 상황실 내의 세절기이다 보니 일주일에 한두 번씩은 꼭 비워줘야 하는 때가 오곤 했다. 그리고 나는 물론 매번 이 통을 비울 때마다 왜 이렇게 세절기를 많이 사용하는 건지, 정말 이런 방식으로 통을 갈아주는 것이 맞는 건지 의문이 들고 짜증도 났다.

그래서 나는 개선 방안을 생각해봤다. 당시 우리 상황실 세절기는 타 중대 병사도 함께 사용하고 있었는데, 그 세절기가 우리 중대 물품이다 보니 우리 중대원만, 정확히는 나만 통을 비우고 있었다. 그래서 횟수를 정해놓고 돌아가며 비우자고 제안할까 하는 생각도 해보았지만, 이는 근본적인 해결책이라기보다 오히려 중대 간 마찰이 생길 수도 있는 해결책이었다. 이후 더 근본적인, 한마디로 세절기 관리 자체를 더 편하고 쉽게 할 수 있는 방법을 고민하던 도중 굉장히 간단하면서도 효율적인 아이디어가 떠올랐다. 바로 세절기 통 속 쓰레기를 옮겨 닮는 그 비닐봉지를 미리 통에 씌워둔 상태로 넣어두는 것이었다. 이 아이디어를 적용하자 세절기 통을 비우는 데 걸리는 시간은 20% 이하로 줄었다.

나는 이 아이디어를 떠올리고 나서 세 가지 이유로 크게 놀랐다. 첫 번째 이유는 세절기 관리를 편하게 할 수 있는 아이디어를 나 자신이 직접 떠올림으로써 군대 내에서 내가 느낀 불편함을 내가 직접 개선한 첫 경험이었기 때문이다. 지금까지 불평과 불만을 표현하는 것 이상으로 내 불편함을 해결하려는 노력은 한 적이 없었다. 하지만 이때 내가 불편함을 느끼는 요소에 내가 직접 개선 방안을 모색하고 적용하고자 처음으로 시도했고 결과는 완벽했다.

두 번째 이유는 이 아이디어를 세절기 통을 수십 번 비운 후에야 떠올렸다는 사실 때문이었다. 조금 더 정확히 말하면 '이런 방법을 직접 생각해보자는 생각'을 전에는 하지 못했다는 사실 때문이었다. 비효율적인 것을 누구보다 싫어하고 항상 불평과 불만이 가득했던 나 자신이 느끼고 있었던 불편함에 대한 적용 가능한 개선 방안을 이제야 생각해보자고 마음먹었다는 사실이 내게는 꽤 충격으로 다가왔다.

세 번째 이유는 내가 수십 년 동안 이 아이디어를 떠올리고 적용한 최초의 사람이라는 점이었다. 세절기에 들어 있는 통에 담겨지는 종잇조각들을 옮겨 담던 쓰레기 봉지를 직접 세절기 통에 씌운다는 아이디어는 그 누구도 생각지 못할 대단한 발상이 아니다. 실제 내가 이 아이디어를 처음 떠올린 뒤 비닐봉지를 가져와 세절기에 씌우는 첫 시도를 할 때, 옆에 있던 나의 선임 중 하나는 이렇게 말했다.

"그게 안 되니까 그동안 그렇게 안 하지 않았겠냐?"

그때의 나는 조금 심술이 나 이렇게 대답했다.

"아닙니다. 그냥 그동안 아무도 이 생각을 한 적이 없는 겁니다."

그리고 내 말이 옳았다.

내가 남들보다 창의력이 좋다거나 좋은 아이디어가 많다는 이야기를 하고자 하는 것이 아니다. 내 선임이 말했던 것처럼 내가 떠올린 생각은 놀라울 정도로 기발한 아이디어가 아니다. 만약 그동안 이 세절기의 휴지를 비웠던 사람들에게 세절기를 더 편하게 비울 수 있는 방법을 생각해보라고 누군가 말했다면 그들도 분명 생각해냈을 만한 아이디어다.

하지만 어떻게 수십 년 만에 이 아이디어를 처음 떠올리고 적용한 게 하필 나였을까? 이 고민에 대한 대답은 하나였다. 우리는 군대에서 주체성을 잃은 채로 그저 시간만 보내고 있었기 때문이다.

우리는 주체적이고 능동적인 사고를 군대 내에서는 잘 사용하지 않는다. 내가 수십 번 세절기 통을 비우고 나서 '나 스스로 더 나은 방안을 생각해보고 직접 적용해보자' 라는 마음을 먹고 난 뒤에야 이 방법을 떠올린 것도 같은 이유이다.

다음은 취사장에 비치된 물컵에 관한 이야기이다.

우리 부대는 생활관마다 돌아가며 취사장 청소를 담당했는데, 이때 물컵을 닦는 데 시간이 제일 오래 걸렸다. 그리고 만약 취사장 청소 담당 생활관이 물컵을 점심에 닦으면 당일 저녁을 늦게 먹는 사람들이나 다음 날 아침과 점심을 먹는 사람들은 물컵이 남아 있지 않아 물을 마실 수 없었다. 청소를 저녁에 하는 경우에는 또 그 시간대에 따라 다른 시간대에 사람들이 물컵을 쓸 수 없었다.

우리는 타 중대와 취사장을 같이 사용했는데 취사장이 우리 부대 담당 시설이었기 때문에 타 중대 인원들이 사용한 컵도 우리가 닦아야 했으며 타 중대 사람들은 컵을 닦지 않으니 한 끼 식사에 컵을 여러 번씩 사용하기도 했다. 이뿐만 아니라 취사장 물컵을 아예 사용하지 않는 인원들도 상당수 존재했다. 물컵 한 번 쓴 적 없는 그들이 수많은 컵을 닦느라 오랜 시간 동안 허리와 목을 굽히고 서 있어야 한다는 단점도 있던 것이다.

나는 이런 문제점들을 두고 이번에는 물컵을 관리하는 더 나은 방법이 없을까 고민했다. 그리고 자신이 사용한 컵은 자신이 닦는다는 규칙을 생각해냈다. 이 규칙이 합리적이고 충분히 적용 가능한 것이었던 가장 큰 이유는 본인이 사용한 식판과 식기는 본인이 닦았기 때문이다. 같은 부대의 본부중대 역시 개인이 사용한 물컵은 개인이 닦는 규칙을 적용하고 있었다는 것도 나중에 듣게 되었다.

어쨌든 이 규칙을 적용하면 이제 더이상 취사장 청소를 할 때 물컵을 닦는 데 많은 시간을 투자할 필요가 없어졌고, 그 시간에 다른 청소를 더 깨끗이 할 수 있게 된다. 또한 개인이 사용한 뒤 바로 세척해 다시 컵을 넣어놓기 때문에 언제 밥을 먹더라도 물컵은 항상 넉넉한 상태로 유지되어 있기에 컵이 없어 물을 못 마시는 일이 발생하지 않는다. 더불어 물컵을 사용하지 않는 사람들은 물컵을 닦을 필요도 없어졌고 타 중대 인원들에 대한 문제도 사라졌다.

나는 여러 근거를 가지고 이 규칙을 중대장님께 건의했다. 중대장님도 긍정적으로 평가해 바로 다음 날 신속하게 반영해 주셨다. 이후 내가 제시한 예상 효과들은 그대로 그 효과를 발휘했고 우리 중대 인원들은 더이상 허리와 목을 구부려 가며 오랜 시간 컵을 닦지 않아도 되었다.

이를 제외하고도 손잡이가 없는 쓰레기통에 직접 케이블 타이를 이용해 손잡이를 만들거나 효율적인 파일철 관리 방법을 건의하여 부대 지휘관에게 채택되는 등 다양한 분야에서 개선 방안을 모색하고 적용을 시도한 적이 많다.

물론 직접 바꿔내지 못해도 좋다. 그저 몇 분 동안 더 나은 방안을 찾아보고 적용할 방법을 고민해보는 것만으로도 우리 뇌는 능동적인 태도를 갖추며 문제에 대한 해결책을 찾는 연습이 된다. 그리고 이러한 사고방식이 익숙해지면 이를 단순히 비효율적이라고 느끼는 것뿐만 아니라 효율적이라고 느끼는 것에도 충분히 적용할 수 있다. 전혀 불편함을 느끼고 있지 않은 것에도 그것보다 더 나은 방법은 없을지 고민해볼 수 있다는 것이다.

여기서 더 욕심을 내보자면 이러한 사고방식을 우리 스스로에게도 적용해볼 수 있다. 우리 자신의 생활패턴이나 평소 습관 혹은 일을 처리하는 특정한 방식 등에 대해 더 나은 방법을 찾고 이를 적용할 수 있도록 노력을 해볼 수 있다는 것이다.

따라서 광범위한 시각으로 이야기하자면 우리 자신에게도 이러한 사고방식을 적용할 수 있어야 하니 우리에게 부정적인 생각이 들 때마다 이를 타파할 수 있는 해결책을 고민하며 그 힘을 기르는 것이다.

또한 위 사례들에서도 충분히 증명되듯, 이러한 사고방식과 시도는 우리가 복무하는 부대 자체의 공익에도 준한다. 따라서 나 자신의 능동적인 태도와 발전이라는 개인적인 보상뿐 아니라 우리 부대의 공익에도 이바지할 수 있다는 것이다. 이를 통해 부대원들과는 더 많은 호감을, 간부님들에게는 더 높은 신뢰를 받을 수 있다.

　이렇게 우리 자신의 주체성을 확립하고 능동적인 자세로 군 생활에 임할 준비가 되었다면 이어서 이야기할 우리의 다른 문제점들에 대한 해결도 한결 수월해질 것이다.

꼬우면 군대 빨리 오던가

　지금까지 이 책에서 합리화라는 단어를 여러 번 사용했다. 그중에는 자신의 부조리 행위에 대한 합리화와 자신의 나태함에 대한 합리화가 있었는데, 이렇듯 군대에서 일어나는 문제들에는 거의 항상 일종의 합리화가 포함되어 있다고 봐도 무방하다.

　앞에서 설명한 것처럼 합리화는 자신의 심리적 안정을 위해 불합리한 자신을 합리적인 것처럼 정당화시킴으로써 자기만족을 얻으려는 하나의 방어기제이다. 여기서 해석해볼 수 있는 한 가지는 우리가 불합리한 태도를 지니고 불합리한 판단을 하며 불합리한 행동을 할 때, 이는 우리의 심리적 안정을 위협하는 것들이라는 점이다.

　여기서 부정적인 측면을 먼저 짚어보자면 합리화라는 방어기제를 통해 우리의 불합리한 행동을 바로잡기보다 '합리적인 것처럼' 자기 자신을 속임으로써(동시에 자신에게 속아줌으로써) 불완전한 심리적 안정을 얻는다는 것이다. 합리화라는 행위가 추구하는 이 심리적 안정은 합리화에 따른 부산물이라는 점에서 실질적인 의미의 안정과는 거리가 멀다. 이

안정을 통해 우리는 우리 자신의 근본적인 문제를 해결하기보다 지금 당장의 심리적 편안함을 추구하면서 말 그대로 '불안정한' 상태에 놓이게 된다.

그럼에도 긍정적인 점은 우리 스스로가 가지고 있는 불합리성들이 우리들의 심리적 안정을 위협한다는 사실 자체가 우리가 충분히 불합리성을 의식하고 이를 개선할 여지가 있다는 것을 의미한다는 것이다. 하지만 그렇다고 해서 이를 의식하고 개선하는 과정이 절대 쉽지만은 않다.

나는 개인적으로 이 합리화가 개인들의 가장 심각한 문제라고 생각한다. 이는 군대에서 특히 더 그렇다. 합리화는 우리가 우리 자신에게 부여하는 문제이며 우리 스스로가 이로써 비롯된 여러 문제에 대한 해결책을 찾을 의지와 가능성을 소멸시키는 과정이다. 오직 우리만이 우리 자신에게만 저지를 수 있는 가장 불필요하고 자기 파괴적인 행동이라는 것이다. 따라서 이를 다른 사람이나 주위 환경에만 의지해 해결할 수는 없으며 필수적으로 우리 자신의 의지와 노력이 요구된다.

이때 사회에서의 경우, 우리 스스로의 문제를 개선하겠다는 의지와 개선에 대한 노력을 일깨워 주는 주변 요소들이 존재한다. 이는 부모님이나 선생님의 말씀 또는 교육, 주변 친구 혹은 동료의 진심 어린 조언이 될 수도 있다. 혹은 자신의 주위 환경에서 볼 수 있는 사람들 중 합리화가 가져오는 문제를 겪고 있지 않은 사람들을 직접 보고 경험하는 과정도 가능하다. 쉽게 말해 자신의 합리화 행위를 자각하고 이를 개선해야겠다고 마음먹도록 자극하며, 이후 개선을 위해 노력하도록 동기를 부여하는 요소들이 사회에서는 상당히 존재했다는 이야기이다.

하지만 우리 모두 잘 알고 있다시피 이런 요소들의 존재 유무와는 관계없이 우리 모두는 어느 정도의 합리화를 하면서 살아왔다. 따라서 우리에게 합리화에 대한 부정적 피드백을 주는 요소들이 상당수 존재하는 사회에서도 합리화를 지속해 온 우리가 군대라는 환경 속에서는 어떻게 변모할 것인지 묻는 것은 무서운 주제가 된다.

당연한 이야기지만 군대 내에는 우리의 합리화 특히, 우리가 우리 자신만의 목표를 잊고 목표를 달성하기 위한 열정과 노력은 뒤로 한 채 점점 나태해지는 것에 대한 합리화를 지적해 줄 사람이 없다. 이에 더불어 주변 병사 중에서도 크고 담대한 목표를 세우고 이를 달성하기 위해 매일같이 노력하면서 절대 나태해지지도 않도록 자기 자신을 관리하는 사람은 찾아보기 어렵다. 우리 자신에게 그 어떤 긍정적인 자극도 들어오지 않는 것이다. 이러한 환경을 부정적이라고는 말할 수 없지만, 주위 환경에 순응하고 주변인들을 닮아가는 우리의 특성상 부정적인 결과를 일부 초래하는 것은 사실이다.

출판 경영자이자 작가로서 성공적인 삶을 살았던 앨버트 허버드는 이렇게 말했다.

"왜 사람들이 자신의 약점을 감추기 위해 핑계를 만들어, 스스로 바보로 만드는지 모르겠다. 핑계를 대기 위해 그토록 많은 시간을 소비하는 시간에 자신의 약점을 개선하는 데 썼더라면 또 다른 핑계를 만들어낼 일도 없었을 것이다."

자신의 약점을 감추는 데 사용할 시간과 에너지를 그 약점을 개선하는

데 쓰라는 허버드의 말처럼 우리도 합리화하게 되는 우리의 약점, 즉 나태함을 극복하는 데에 집중할 필요가 있다.

군대에서 행해지는 합리화는 크게 두 가지로 나뉜다. 첫째는 본인의 부조리 행위에 대한 합리화이다. 옛날 군대를 경험해본 적이 없고 2020년에 입대한 군인의 입장에서 내가 단언할 수 있는 한 가지는 현 군대에서의 부조리는 무슨 일이 있어도 정당화될 수 없다는 것이다. 부조리는 사라져야 할 악습일 뿐이지 군 기강을 유지하기 위한 군대만의 문화 따위가 아니다.

내가 군 생활 중에 자주 하는 말이 있다.

"여기 있는 사람들 모두 누군가의 후임, 동기, 선임, 병사이기 전에 사람이다. 선후임 관계 이전에 사람 대 사람의 관계가 먼저다. 사람 대 사람으로서 해서는 안 될 행동은 이곳에서도 당연히 하면 안 되는 거다."

나는 실제 군 생활 중 나에게 화를 내면서 욕설을 사용한 선임 두 명에게 욕설을 사용하지 말라고 직접 말한 적이 있다. 욕설을 사용하지 말라는 병영생활 행동강령이든 군법이든 다 제쳐두더라도, 사람 대 사람으로서 욕설은 하지 않는 것이 맞기 때문이었다.

우리와 함께 군 생활을 하게 될, 혹은 하고 있는 모든 병사들은 엄연한 한 명의 성인이고 누군가의 자식이다. 어느 한 사람이 컴퓨터에 앞에 앉아 입영 신청을 빨리 했다고 해서 그가 다른 누군가의 자식에게 욕을 하고, 폭언하며, 구타하고, 자기 빨래를 시키고, 돈과 담배를 가져가고, 잠에서 깨우고, 개인적인 심부름을 시킬 권리는 없다.

이렇듯 자신에게 부조리 행위를 할 수 있는 권리라는 것은 그 어디에서도 부여받은 적이 없기 때문에 부조리 행위를 하는 사람들은 합리화를 통해 본인의 행위를 정당화한다. 다른 사람들도 하니까 본인도 괜찮다는 책임전가적 합리화와 본인의 선임들에게 본인이 당했던 것 때문에 본인도 후임들에게 하는 것이라는 심리적 합리화 그리고 부조리 행위를 통해 군기를 잡는 것이 결국에는 부대에 도움이 된다는 가장 비겁한 정당성 합리화 등이 그것이다. 이중 부조리 행위에 대한 정당성 합리화가 가장 두드러지는데, 이는 다음과 같은 질문을 통해서도 알 수 있다.

"왜 부조리 행위를 하는가?"

다소 생소한 질문일 것이다. 부대에서 그 어느 병사도 다른 병사에게 이런 질문을 하지 않는다. 하지만 나는 상당히 많은 병사들에게 이런 질문을 해보았고 대답의 맥락은 비슷했다. 그 누구도 후임들이 알아서 쓰레기통을 비우고, 알아서 청소를 도맡아 하고, 알아서 필요한 물품들을 가져오며, 본인의 명령과 지시를 잘 따르게 하고, 아침에 본인을 깨워주고, 식단표를 외워 알려주고, 본인의 심부름을 해 주도록 만들려는 목적이라고 답하지 않았다. 본인이 더 편해지고 싶어서, 군대에서 받는 스트레스를 후임에게 풀기 위해서, 본인이 선임병들에게 당했던 부조리를 갚아주기 위해서, 누군가의 위에 군림한 듯한 느낌을 받으며 명령하고 지시할 수 있는 기회는 지금밖에 없기 때문이어서라고 답한 사람도 없었다.

그들이 입을 모아 하나같이 이야기한 내용은 후임병들이 부대의 규율을 준수하고, 맡은 일을 알아서 잘하고, 허튼짓을 하지 않도록 하기 위해 부조리를 통해 군기를 잡는다는 것이었다.

정해진 규율을 준수하고 맡은 일을 알아서 잘하며 허튼짓을 하지 않는 생활이라… 상당히 익숙하지 않은가?

우리가 학교에서 요구받던 것과 정확히 일치한다. 그렇다면 선생님들의 폭언과 욕설 그리고 구타가 사라진 현시점의 학교는 학생들의 통제가 어려워지고 교육 환경의 수준이 낮아지고 있는가? 20대 남성들을 규율에 따르도록 하기 위해 욕설과 폭언, 구타, 가혹행위와 괴롭힘이 필요하다면 그보다 미성숙한 청소년들을 통제하기 위해서는 대체 무엇을 해야 한다는 말인가?

이는 더 넓은 관점에서 보면 우리가 지금까지 살아온 사회에도 적용된다. 사회 역시 법이라는 규율이 있으며 국방의 의무, 납세의 의무와 같이 행해야 할 일이 있고 허튼짓을 하지 말라고 요구한다. 사회에서는 왜 범법자들 혹은 의무를 이행하지 않으려는 자들에게 폭언과 폭력을 사용하지 않는지 참 의문이 아닐 수 없다.

다시 한번 강조하자면, 컴퓨터 앞에 앉아 마우스 몇 번 클릭하는 행위를 누군가보다 먼저 했다고 해서 그 누군가에게 욕을 하고 가혹행위를 해도 괜찮은 권리는 없다. "꼬우면 군대 빨리 오던가." 라는 말을 들어봤을 것이다. 그런데, "군대를 빨리 온 게 대체 뭔 대수인가?"

여기서 군대라는 집단은 전쟁의 대비와 국가의 안보라는 특수한 목적을 가진 집단으로서 학교와 사회 등과는 맥락이 다르다고 이야기하는 사람도 있을 것으로 생각된다. 더 나아가 따라서 군대에서의 부조리 행위는 군기 확립을 통해 전쟁 대비라는 특수성을 가진 군대 문화에 기여하는 바가 있다고 주장하는 사람도 있을 수 있다.

그렇다면 여기에 한 가지 문제가 있다. 어느 한 부대는 군기가 해이하고 목소리도 작고 동작도 느리고 규율이 잘 지켜지지 않고 훈련에는 대충 임한다. 반면 다른 한 부대는 군기가 잘 잡혀 있고 우렁찬 목소리와 신속하고 정확한 동작과 함께 규율도 철저히 지켜지고 수준 높은 훈련을 구사한다.

여기서 이 두 부대의 차이는 무엇으로부터 비롯되는 것일까? 부조리의 양과 질로부터 비롯된다고 대답하는 사람이 있다면 지금 당장 이 책을 덮고 부조리 행위를 통해 국방에 기여하길 바란다.

이 두 부대의 차이는 국가에 대한 애국심, 국방에 대한 열정, 군인 신분에 대한 자부심, 효율적이고 체계적인 시스템 등으로부터 비롯되는 것이다. 이들 중 부조리 행위를 통해 확립할 수 있는 가치는 단 하나도 없다. 오히려 군대에 대한 반감만 증가시켜 애국심, 열정, 자부심, 효율성을 모두 떨어뜨릴 뿐이다.

인간 존중이란 전시와 평시를 막론하고 포기하지 말아야 할 가치라고 말하며, 군대 구성원 간의 인간적 존중은 전투력을 극대화시킬 수 있는 가장 강력한 정신전력이라고 주장한 국방부의 말을 다시 한번 떠올려보길 바란다.

두 번째는 자신의 나태함에 대한 합리화다. 합리화를 행하는 주체에게 가져오는 피해를 기준으로 삼는다면 부조리 행위에 대한 합리화보다 훨씬 더 옳지 않은 축에 속하는 것이 나태함에 대한 합리화이다. 여기서 한 가지 확실히 할 것은 나는 나태함을 문제 삼는 것이 아니라는 점이다.

군대에서의 18개월을 인생 중 휴식기로 여겨 이때는 주어진 국방의 의무에만 집중한 뒤, 전역하고 나서 자신의 삶을 준비하겠다는 결정을 나는 존중한다. 군대에서 목표로 세울 만한 것이 없을 수도 있고, 입대 전에 너무나 치열한 삶을 살아왔을 수도 있기 때문에 목표가 없다거나 남들과는 다른 특별한 노력을 안 한다거나 하는 것은 누군가를 지적할 만한 사항이 될 수 없다. 단 이런 사람들의 경우 그들은 합리화를 하지 않는다.

내가 합리화가 우리 개인들의 문제점이라고 지적하는 것은 본인이 이루겠다고 마음먹은 목표가 분명히 있음에도 목표 달성을 위해 노력하기는커녕 나태해지는 자기 자신을 합리화하는 경우를 얘기하는 것이다. 대부분 자신의 학창시절을 떠올려보면 이러한 경험이 몇 번씩은 있을 것이다. 이러한 경향에 대해 플라톤이 남긴 말이 있다.

"최고의 승리는 자신을 정복하는 것이다. 자기 자신에게 정복당하는 것만큼 창피하고 부끄러운 일은 없다."

자신의 게으름과 나약함에 굴복하고 그러한 자신을 합리화하면서 자기 자신을 속이는 것만큼 우리가 스스로 정복당할 수 있는 확실한 방법도 없을 것이다. 타인과의 경쟁보다는 자기 자신과의 싸움, 타인들과의 비교보다는 어제의 나와의 비교가 주목을 받고 있는 요즘, 우리가 합리화를 극복하고 우리 자신을 정복하기에 시대적으로도 적절한 시기임이 틀림없다.

따라서 지금부터 이야기할 나태함은 본인의 목적을 세웠음에도 노력하지 못하고 계속해서 이어지는 자신과의 싸움에서 패배하는 사람들의 나태함에 관한 것이라는 점을 기억해 주길 바란다.

한편 나는 개인적으로 이 책을 구해 읽고 있는 독자라면 분명 자기 자신만의 목표를 세워놨을 것이라고 혹은 적어도 세워갈 것이라고 생각한다.

군대니까

　우리가 끊임없는 합리화의 굴레에 빠져 있으며, 이 합리화를 극복해야 한다는 사실까지 인지했다면 이미 반은 온 것이나 다름없다. 이러한 인식 자체가 앞으로의 합리화에 브레이크 역할을 하고 다시 합리화를 하게 될 때마다 우리 자신에게 불편한 감정이 들도록 할 것이기 때문이다. 이제 이러한 인식 위에 합리화에 대처하는 효과적인 방안들을 활용한다면 우리는 우리 자신을 정복하고 실제로 합리적인 군 생활을 하게 될 것이다.

　이 장에서는 부조리에 대한 합리화에 대응하는 방법과 자신의 나태함에 대한 합리화를 이겨낼 수 있는 두 가지 측면에서의 방법을 이야기해 보도록 하겠다.

부조리 타파

앞서 우리는 부조리에 대한 합리화가 어떻게 발생하게 되는지, 이것이 왜 타파해야 할 합리화이자 비겁한 변명인지 살펴보았다. 그렇다면 만약 우리 자신에게도 이러한 합리화가 작용하려 하면 어떻게 해야 할까? 그것이 합리화라는 사실은 인지하고 있을 테지만 그것만으로는 충분하지 않을 수 있다.

다음 문장들을 읽어보자.

'한 선임병이 후임에게 인사할 때 목소리가 왜 이렇게 작으냐며 욕을 하며 혼을 낸다.'

'선임병들이 자신의 후임들이 군기가 빠졌다는 이유로 새벽에 잠을 깨운 뒤 집합을 시켰다.'

'한 후임은 선임에게 인사를 하지 않고 지나쳤다는 이유로 등을 주먹으로 가격당했다.'

'한 선임병은 후임이 다른 보직을 선택해 생활관을 떠난다는 이유로 그 후임병을 배신자라고 부르며 총기함 내의 총을 다 꺼내고 그곳에 그 후임병을 30분 동안 가두었다.'

이 문장들은 모두 내가 군 복무를 하는 동안 접했던 실화를 적은 것이다. 지금 이 문장들을 읽은 독자들은 이들이 매우 잘못된 행동을 한 것이며 합리화로 이어져 내려온 악습일 뿐이라는 것을 잘 알 것이다.

하지만 여전히 머릿속에서는 '군대니까' 라는 생각이 존재하지는 않는가? 위의 문장들을 학교나 직장에서 일어난 일로 생각하고 다시 한번 읽어보라. 우리 모두 저 문장들을 군대에서의 일이라고 생각하고 읽을 때와 학교나 직장에서 일어난 일이라고 생각하고 읽을 때, 그 충격이나 가해자에 대한 반감의 정도가 달랐을 것이다.

만약 실제로 학교나 직장에서 저런 일들이 발생했다면 기사로 언론에 보도가 되고 가해자들은 법적 처벌까지 받았을 만한 일들이다. 하지만 우리는 여전히 '군대니까' 라는 인식을 바탕으로 저러한 사건들의 잔인성과 심각성을 과소평가하는 경향이 있다. 이러한 현상이 존재하고 있는 데는 군대엔 어느 정도의 군기 확립이 필요하며 부조리가 이 역할을 해낸다는, 따라서 부대에 일정 부분 도움이 된다는 잘못된 인식이 사라지지 않는 데에서 온다. 군대, 전쟁, 훈련 등을 고려하면 부조리와 그를 통한 군기 확립이 어느 정도 허용될 만하지만, 인권과 인간성 그리고 존중 등을 고려하면 잘못된 행동이기 때문에 부조리를 근절해야 한다고 생각하는 것이다.

이는 합리화는 아니지만, 잘못된 사고방식으로서 합리화가 발생하는 근본적인 시작점으로 작용한다. 부조리는 절대 군대, 전쟁, 훈련 등의 측면에서 보더라도 전혀 도움이 되지 않는다. 이를 완벽히 이해하기 위해서는 군대에 있어 정신력의 중요성에 대한 이해가 필요하다. 정신전력에 대한 정확한 이해가 이러한 합리화의 뿌리를 없애는 하나의 대처 방안이다. 이러한 잘못된 사고가 바로 잡힐 때, 우리는 군대에서 일어난 부조리를 학교와 직장에서 일어난 부조리를 바라볼 때와 같은 시각으로 바라볼 수 있을 것이다.

우리는 국가에 대한 애국심, 국방에 대한 열정, 군인 신분에 대한 자부심 등을 기반으로 한 병사 개개인의 주체적인 의무 이행을 가능하도록 하는 이 정신전력에 집중해야 할 필요가 있다. 군대 내 부조리를 아주 조금이라도 이해하는 사고는 부조리를 통해 드러나는 몇몇 후임들의 '행동 변화'를 기반으로 한 것이기 때문이다. 욕을 하고 때리고 노예처럼 대함으로써 목소리가 더 커지고 행동도 재빨라졌으며 선임 말도 더 잘 따른다는 이유로 부조리의 효과를 평가하는 태도는 이 정신전력에 대한 몰이해로부터 나온다.

정신력, 마인드라고도 불리는 이 정신적인 힘은 분야를 막론하고 핵심적이고 강력한 요소다. 과학 발전, 사회 개혁, 스포츠 경기에서의 승리, 전쟁에서의 승리 등 모든 것은 그 일을 자신의 일이라고 여기는 책임감과 목표를 달성하겠다는 의지 그리고 할 수 있다는 믿음으로부터 시작된다. 정신력을 통해 압도적인 전력 차를 뒤집은 사례는 어느 분야를 찾아봐도 수없이 많다. 나라를 지키는 군인들에게도 이러한 정신력은 필수적인 핵심요소이다. 국방부는 교재에 다음과 같이 적었다.

"우리 역사를 수놓은 결전의 순간 역시 대부분 압도적 열세에도 불구하고 외적을 물리친 경우다. 명량해전(1597년)만큼 이를 잘 보여준 사례도 드물다. 이순신 장군이 이끄는 13척의 조선 수군이 130여 척의 일본 수군을 물리칠 수 있었던 것은 단순히 군사력을 넘어서는 다른 요소가 있다는 것을 의미한다. 이러한 사례는 무기나 장비 등을 의미하는 유형

전력도 중요하지만 병사의 마음가짐과 같은 무형의 정신전력도 그에 못지않게 중요하다는 사실을 잘 보여준다. 병사들이 싸우고자 하는 결연한 의지가 없다면 아무리 좋은 첨단무기라도 승리를 가져다주지 못한다. … (중략) 결국 이기는 군대는 강인한 정신력으로 무장한 군대이다. 전쟁에서 정신력만 갖고 싸울 수는 없을 것이다. 그러나 강인한 정신력으로 무장하지 않은 군대는 죽고자 싸우는 군대를 결코 이길 수 없다. 우리 군에서는 이러한 정신전력을 군인정신으로 정식화하고 있다."

국방부는 이어 군인의 정신력을 결정짓는 가치들로 군기, 사기, 단결, 교육 훈련, 명예, 충성심, 용기, 필승의 신념, 임전무퇴, 책임완수, 애국 애민정신을 들고 있다. 국방부가 강조하는 이 가치들만 놓고 보더라도 부조리 행위가 군대에 얼마나 큰 피해를 주고 있을지 짐작할 수 있다.

"군의 인권보호는 곧 이들(장병)의 사기를 높이는 것과도 직결된다"고 말한 김진형 전 해군소장은 "잘못된 관습을 버려야 혁신이 빨라지고, 창조적이 된다. 헛된 권위, 기득권, 신분 체제에 매달려 그 안에서 적당히 나눠 먹고, 부려먹기만 하는 조직은 승리할 수 없다"고 적었다.

이러한 관점에서 보았을 때, 계급 체계에 기반해 헛된 권위를 통해 부조리를 일삼는 것은 전쟁의 패배와도 직결될 수 있는 중대한 문제이다.

각종 훈련들과 이를 통한 전쟁 상황에 대한 대비 등에 중점을 두고 부조리가 가져오는 긍정적인 효과가 있다고 생각한 적이 있다면, 이제 군에서 강조하는 정신력의 중요성과 그 정신력을 이루는 핵심 가치들에 부조리 행위가 끼치는 영향을 인지함과 동시에 부조리 행위가 군에 그 어떤 긍정적인 영향도 끼치지 않는다는 사실을 알게 됐을 것이다. 이 점을 명심한 채로 내일 당장 전쟁이 날 수도 있다는 가능성을 염두에 두고서 다시 앞으로 돌아가 전에 읽었던 네 개의 문장을 다시 읽어본다면, 우리 군인들의 마인드와 군대의 정신전력에 얼마나 큰 피해를 주는 행위들인 지 몸소 느낄 수 있을 것이다.

국방력의 중요한 요소인 정신전력과 우리 군 장병들의 건강하고 긍정 적인 정신력에 대해 충분히 이해했다면, 이제 이 위에서 우리는 우리 각 자의 인간성을 충분히 활용할 수 있다.

내가 군 생활을 하며 느낀 것 중 하나는 군 복무 중에 부조리 행위를 하는 모든 사람들이 모두 군대에서 보여지는 것만큼 그렇게 나쁜 사람들 만은 아니라는 사실이다. 그들은 군대라는 곳에서 부조리라는 악습을 겪 으며 배우고, 문화에 동화되고, 자신의 행동을 합리화하며 부조리 행위 를 더 수월하게(양심의 가책을 덜 느끼는 등) 하게끔 자극받고 있다는 것이다. 이러한 사람들은 일단 위에서 말한 부조리 행위의 불필요성과 폐해를 인 지했다면 본인의 인간성을 충분히 발휘할 수 있다.

다른 병사들을 모두 하나의 인격체로서 바라보고 동등한 사람 대 사람 으로 대하는 것이다. 후임을 대할 때 그 후임을 나의 아랫 사람, 내 말에 복종해야 하는 사람, 신병 등으로 대할 것이 아니라 엄연한 누군가의 자 식이자 한 사람의 성인으로서 바라본 이후에 국방의 의무를 이행하기 위 해 입대한 병사로 인식하는 것이다. 후임들을 이러한 방식으로 바라본 후 에는 절대 그들에게 욕설, 구타나 성희롱 등의 악랄한 행동은 물론 내 편 의만을 위한 사적 심부름을 시키는 것과 같은 행동도 할 수 없을 것이다.

나는 내가 입대 초기에 부조리 행위를 당하면서 느꼈던 감정들과 생각들을 잊을 수가 없어 후임들에게 절대 되풀이하지 않았다. 이 글을 읽는 독자들도 혹여나 부조리를 당해봤거나 혹은 당하게 된다면 그때의 감정과 생각을 절대 잊지 말고 부조리 행위의 불필요성과 비합리성을 증명하는 증거로 남겨두길 바란다. 이러한 증거들은 우리가 인간 본연의 이기심으로 인해 후임들에게 자신의 스트레스를 풀거나 지시와 명령을 하고 싶어질 때 우리의 합리화를 인지하고 저지하는 역할을 할 수 있다.

나의 경우, 선후임 관계 이전에 사람 대 사람의 관계가 우선한다는 생각으로 나에게 사람 대 사람으로서 해서는 안 될 행동을 하는 선임들에게는 단호하게 항의했고, 불침번 근무를 후임들에게 몰아주는 방식을 "원래 선임들이 덜 뛰는 게 전통이야. 얘네(후임)들도 나중 되면 덜 뛰지."라며 정당화시키는 선임에게 공정하게 근무표를 만들어달라고 요구했다.

마지막으로 다시 한번 우리나라 병사들 간에 수직적인 상하관계가 성립할 수 없으며 선임병이라는 뜻도 단순히 군대에 먼저 온 자라고 말한 김진형 전 해군소장의 말을 떠올려보자. 그리고 내가 계속해서 말하듯 군대에 먼저 온 건 정말 아무것도 아니다.

미래를 준비하는 군대 환경의 활용

그렇다면 이제 우리의 나태함에 대한 합리화에는 어떻게 대응할 수 있을까. 나태해져 가는 우리 자신을 합리화하는 것이 아니라 그 나태함을 극복해내고 내 목표를 이루기 위해서는 어떻게 해야 할까. 나태함을 극복해내는 방법으로 가장 먼저 떠오르는 것은 그저 부지런히 행동하는 것이다.

하지만 앞서 언급한 대로 우리의 의지력은 한계치가 있을 뿐만 아니라 그동안 의지만으로는 부족하다는 것이 우리의 게으름을 통해 여러 차례 증명되었다. 이러한 상황에서 우리는 우리 자신뿐 아니라 두 가지 조력자의 도움을 받을 수 있다. 그 두 조력자는 환경과 습관이다. 그렇다면 먼저 환경에 관한 이야기부터 해보겠다.

환경, '맹모삼천지교'라는 말의 뜻처럼 우리 인간에게 환경은 굉장히 중요하다. 하지만 환경의 중요성을 강조하는 태도에 대해 회의적인 시선을 보이는 사람들도 존재한다. 예를 들어 인지심리학자 개리 마커스는 '상황이 어떻게 굴러가든 거기에 익숙해지는 경향'인 순응을 언급하며 환경의 중요도를 높게 평가하지 않는다.

"예컨대 사무실 밖에서 트럭이 요란하게 덜거덕거리면 처음에는 귀에 매우 거슬리지만, 시간이 지나면 별로 신경을 쓰지 않게 된다. 이것이 순응이다. 우리는 소음보다 더 심각하게 우리를 괴롭히는 것들에도 순응할 수 있는데 특히, 그것이 예측 가능할 때 그러하다. 이따금 불규칙한 간격으로 바보처럼 구는 상관보다 차라리 매일 바보처럼 구는 상관이 우리의 신경을 덜 자극할 수 있는 것도 이 때문이다."

이어 이렇게 덧붙였다.

"환경은 우리에게 중요하다. 그러나 반대로 심리학적 순응은 환경이 우리가 언뜻 생각하는 것보다 덜 중요할 수 있음을 의미한다."

하지만 개리 마커스의 이러한 관점을 군대에서 접한 나는 정반대의 관점을 제시한다. 개리 마커스의 말처럼 우리는 심리학적 순응이라는 것을 통해 상황이 어떻게 굴러가든 거기에 익숙해진다. 매일 트럭이 지나가는 곳이든 상사가 매일같이 괴롭히는 곳이든, 나에게 도움이 되는 것이 하나도 없는 곳이든, 내 목표와는 거리가 먼 곳이든 우리는 그 환경에 익숙해지고 결국 순응한다.

따라서 내가 생각할 때 우리가 정녕 주목해야 할 부분은 '부정적인 환경에서도 심리학적 순응을 할 수 있는가'가 아니라 '어떤 환경에서 심리학적 순응을 하는가'이다. 부정적인 환경에서 순응을 통한 안주는 상황의 악화와 더불어 자신의 퇴화까지도 이어질 수 있다는 점에서 심리학적 순응이라는 개념은 오히려 환경의 중요성을 강조하게 된다.

우리는 우리에게 있어 이토록 중요한 환경이라는 것을 옳은 방향으로, 구체적으로 말하면 우리 자신들에게 도움이 될 수 있는 방향으로 이용해야 한다. 우리들만의 의지력으로는 부족하기 때문에 환경이라는 중요한 요소의 도움을 받는 것이다.

그렇다면 어떻게 환경의 도움을 받을 수 있는가? 여기에는 또다시 두 가지 방법이 있는데, 하나는 이미 존재하는 환경 그대로를 새롭게 해석, 활용하는 것이고 다른 하나는 환경을 나에게 맞게 컨트롤 하는 것이다.

먼저 이미 존재하는 환경 그 자체를 새롭게 해석하고 활용하는 방법 중 가장 간단한 것은 부대 내의 복지시설과 복지 혜택 혹은 부대원을 이용하는 것이다. 부대에 존재하는 북카페와 사이버 지식정보방 그리고 체력단련실 등을 내 목표에 맞게 충분히 이용할 수 있을 것이다. 나의 경우로 예를 들자면 나는 북카페에 있는 책들을 시작으로 책 읽는 습관을 들이기 시작했고, 군대에서의 첫 책(중학교 시절 이후로의 첫 책이라고 봐도 무방하다)을 읽은 3월부터 이 글을 쓰는 현재 8월까지 약 30권 정도를 읽었다. 이 중에는 병사의 자기계발 비용 지원 혜택을 이용해 구매한 책들도 상당수 포함되어 있다. 또한 사이버 지식정보방을 이용해서 한국사 자격증시험 준비를 하였으며 이후에는 프로그래밍을 독학하고 직접 웹사이트를 제작해보기도 하였다. 그리고 현재 헬스를 좋아하는 맞선임 한 명에게 체력단련실에서 운동을 배우고 있다. 이뿐만이 아니다. 2021학년도 군 E-러닝 서비스를 통해 다섯 과목을 수강해 전부 A+학점을 취득했다.(이로 인해 포상휴가 4일을 얻기도 했다) 이처럼 이미 부대 내에 존재하는 환경 자체를 나 자신의 발전을 위해, 나의 목적에 맞게 활용하는 것이 가장 간단하면서도 효과적인 방법이다.

이미 존재하는 환경을 이용하는 방법에는 한 가지가 더 있는데, 이는 환경에 대한 새로운 해석을 동반한다. 제일 먼저 필요한 해석은 내가 여러 번 강조하듯이 군대라는 환경에 대한 새로운 해석이다. 우리를 기존에 알고 지내던 사람들과 떼어 놓고, 특정한 장소 오랜 기간 머물도록 하며, 핸드폰이나 컴퓨터와 같은 기기들의 사용을 통제하는 등의 환경적 특징은 분명 긍정적으로 평가할 수 있다. 익히 들어 알고 있었듯 사회생활을 배울 수 있을 뿐만 아니라 그동안의 우리 자신을 새롭게 검토하고 개선함과 동시에 많은 것을 시도해볼 수도 있는 최적의 환경이라는 것이다.

물론 우리는 그 규칙들을 우리의 자유로운 목표 추진과 시간 활용 등을 제한하는 방해물로 볼 수도 있다. 하지만 이러한 시각은 앞서 말한 부정적이고 소극적인 태도밖에 이끌어 낼 수가 없다. 반면 이러한 규칙들이 우리가 규칙적인 생활패턴을 가지게 해 줌으로써 우리 스스로도 규칙적이고 체계적인 계획을 짤 수도 있다. 이러한 군대 자체에 대한 새로운 해석이 가능할 때 비로소 우리는 군대의 다른 요소들도 새로운 시각으로 바라보며 우리에게 도움이 되도록 활용할 수 있다.

먼저 책의 초반부에서 우리는 우리가 군대에서 겪게 되는 자유의 제한과 기본권보장의 변화 등의 제약들을 살펴봤다. 이때 우리는 이러한 제약들의 존재만으로도 우리의 한계를 직접 규정하고 우리 본인의 노력과 능력을 과소 평가하며 나태해지는 자신을 합리화한다고 말했었다. 이러한 부분들 역시 환경에 대한 새로운 해석이 요구되는 지점이다.

군대의 제약들이 우리가 원하는 행동을 제한한다고만 생각해서는 안 된다. 이는 오히려 우리의 불필요하고 비생산적인 행동은 제한하고 자기 계발에 투자할 시간을 확보해 주는 장치로 기능한다. 사회에서 자기 자신을 컨트롤 하는 데 어려움이 있었거나 시간 관리에 소질이 없던 사람들은 규율을 통한 통제가 존재하는 군대가 매우 적합한 환경이 될 수 있다.

이러한 해석의 변화는 우리가 군 생활을 보내는 시기에 대해서도 적용할 수 있다. 보통 우리가 입대를 하는 시기는 20대 초반으로 정말 극소수를 제외하고는 20대에 군 복무를 하게 된다. 대학 생활이 시작되고 취업을 준비하는 20대라는 상징적인 시기 때문에 인생의 황금기를 날린다든지 청춘을 빼앗긴다는 말들이 나온다. 더욱이 나와 같은 코로나 세대의 대학 신입생들은 학교생활 한번 즐기지 못하고 바로 복학생 신세가 되었다는 한탄도 나오고 있다. 하지만 이 역시 새로운 시각으로 바라볼 수 있다.

　대학 생활의 시작이자 취업을 준비하고 미래를 대비하기 시작하는 시기인 20대 초반이라는 시점은 우리가 군대에서 보내기 아깝다고 느끼는 만큼 중요한 시기임이 분명하다. 따라서 그만큼 앞으로 남은 우리의 20대와 20대를 넘어 이어질 미래를 고민하고 준비를 하기에 최적의 시기라는 것이다. 항상 정신없이 반복되던 사회에서의 생활에서 떨어져 내 미래에 대해 진지하게 고민하고 나 자신에게만 온전히 투자할 수 있는 기간으로 삼는다면 20대 초반에 군대에서 보내는 1년 6개월은 정말 값비싸고 소중한 시기가 될 것이다. 혹시 전에 어딘가로 여행을 가거나 놀러간 경험이 있다면, 그 모든 경험들이 기분 좋고 행복했었는가 떠올려 보라. 분명 여행을 가거나 놀러 간 것임에도 그곳에서의 특정한 사건들로 인해 기분을 망치고 돌아온 적들이 몇 번씩 있을 것이다. 이처럼 우리는 언제 어디서 누구와 시간을 보내든 간에 그곳에 간 이유가 무엇이든 간에 특정한 요인들에 따라 그 시간을 우리에게 가치 있는 것으로도 혹은 그 반대로도 만들 수 있다.

　대한민국 남성으로서 18개월 동안 국방의 의무를 다하도록 선택받았다면 이왕 보내야 할 18개월을 성실한 의무 이행과 함께 최대한 우리에게 가치 있는 시간으로 만들어야 한다는 데 반대할 사람은 없을 것이다.

다음은 환경을 직접 컨트롤 하는 방법이다. 사실 우리는 분명 모두 이 방법을 일상에서 사용해 보았다. 우리가 일상에서 사용한 환경 컨트롤의 대표적인 예로 두 가지를 들 수 있다.

우선 하나는 공부할 때 핸드폰 전원을 끄고 가방에 넣어두거나 다른 방에 가져다 놓거나 또는 친구에게 맡긴 적이 있을 것이다. 우리가 공부할 때 책상 위나 우리의 주머니에 핸드폰이 들어 있으면 계속 신경이 쓰이게 되고 핸드폰을 보고 싶은 욕구가 끊임없이 생긴다. 그래서 매번 한 문제를 풀고 핸드폰 알림을 확인하고 10분 정도 끄적이다가 카톡을 하느라 공부에 집중을 할 수가 없다. 우리도 이러한 상황이 반복되다 보니 이를 해결해야겠다는 생각을 하고 우리의 환경과 상황을 제어하는 방식을 선택한다. 즉 핸드폰을 사용하기 위해서 거쳐야 할 단계를 늘림으로써 핸드폰을 쉽게 확인할 수 없도록 하고, 그 단계들은 존재 자체만으로도 공부에 집중하겠다는 우리의 의지를 돕는 역할을 한다.

일단 핸드폰을 끄면 수시로 알림을 확인할 수가 없고 가방에 넣어두면 일단 핸드폰이 시각적으로나 촉각적으로 인식되지 않는다. 다른 방에 두거나 친구에게 맡기는 것은 이들보다 더 강력한 예방책이다. 의지와 절제력이 매우 강한 사람이라면 그냥 집에다가 핸드폰을 두고 도서관이나 독서실에 공부하러 가는 방법도 사용했을 수 있다.

이렇듯 원하지 않는 행동을 최대한 자제하도록 환경을 컨트롤 하는 방법이 있는가 하면 원하는 행동을 하도록 자극하는 환경을 조성하는 방법도 일상에서 접해 본 적도 있을 것이다.

또 다른 예로서 원하는 행동을 하게끔 하는 환경 컨트롤은 본인이 공부하는 장소나 독서실 혹은 집이나 학교의 책상에 동기 부여의 내용이 적힌 포스트잇을 붙여두는 것이다. 본인이 합격을 희망하는 학교나 혹은 의지를 다잡기 위한 문구, 자신의 목표나 마음가짐 등을 써서 붙여놓은 적이 있거나 혹은 적어도 주변에서 본 적이 있을 것이다. 이는 본인의 목표를 달성하기 위해 목표를 잊지 않고 꾸준히 노력하도록 스스로 자극을 주는 환경을 조성한 실제 사례이다. 이러한 환경 조성 역시 우리가 의도한 자극을 환경이 우리에게 지속적으로 가함으로써 우리의 목표 달성을 돕는 역할을 한다.

나의 경우는 부대 내에 작은 코인노래방 부스 두 개와 게임을 할 수 있는 컴퓨터 10대가 놓인 편의시설이 있었다. 군 복무 초반에는 나도 자주 이용했었지만, 어느 순간 내가 나에게 투자할 수 있는 시간의 상당 부분을 노래방과 컴퓨터에만 쏟고 있다는 느낌이 들었다. 그래서 이를 해결해야겠다고 느꼈고 그래서 나는 내 환경을 조정했다.

일단 그 장소 자체로 가지 않는 것이 첫 번째였다. 애초에 그곳에 가지 않으면 노래를 부를 수도 컴퓨터를 할 수도 없고 그 시간에 다른 행동을 해버리면 그만이다. 그리고 내가 만든 또 하나의 환경은 아예 현금을 가지고 있지 않는 것이었다. 부대에 코인노래방 기계나 컴퓨터가 있는 사람들은 알겠지만, 그것들을 사용하기 위해서는 현금이 필요하다. 그래서 나는 내가 가지고 있던 현금을 다른 병사들에게 다 팔아버렸고 외래 진료나 휴가를 나가는 인원에게 현금을 뽑아와달라는 부탁을 다시는 하지 않고 있다.

또한 나는 앞서 말했듯 군대에서 독서 습관을 들였는데, 이때에도 환경을 컨트롤 하는 방법을 사용했다. 나는 내가 읽고 싶은 책들을 수십 권 구매하여 내 관물대를 그 책들로 꽉 채웠다. 책들과 가까이 있을수록, 책들이 눈에 자주 띌수록 독서를 습관화 해야겠다고 또는 최소한 그 많은 책들을 다 읽기 위해서라도 책을 열심히 읽어야겠다고 생각하게 된다. 이러한 생각은 자연스럽게 더 오래 그리고 더 자주 행해지는 독서로 이어진다.

이렇듯 자신의 상황과 주변 환경 자체를 컨트롤 하면 된다. 우리가 계속해서 해오던 일을 하지 않거나, 해오지 않던 일을 새롭게 하는 것에는 모두 큰 의지력이 요구된다. 따라서 혼자 자신의 의지만으로 이러한 목표들을 달성하려 한다면 정말 힘들 수 있다. 하지만 주변 환경을 나의 의도에 맞게 컨트롤 하여 그 환경 자체가 나에게 도움을 준다면 그 일은 훨씬 더 쉬워질 것이다. 우리에게 지속적이고도 강력한 자극을 주는 환경 그 자체로 하여금 우리를 돕도록 만들자.

미래를 준비하는 습관을 만들 기회

"장기적으로 볼 때 인생은 대개 습관으로 결정되곤 한다. 모두 똑같은 습관을 가지고 있다면 누구라도 똑같은 결과밖에 나오지 않는다. 하지만 다른 사람들보다 더 좋은 습관을 가지고 있다면 더 좋은 결과를 만들어 낼 수 있다."

최고의 자기계발 전문가인 제임스 클리어가 자신의 저서 『아주 작은 습관의 힘』에서 한 말이다. 이렇듯 습관은 우리에게 있어 우리가 인식하는 것 이상으로 중요하게 작용한다. 어쩌면 우리가 체감하는 영향력과 그것이 실제 발휘하는 영향력 간의 차가 가장 큰 것이 습관일지도 모르겠다. 말 그대로 습관은 습관이기 때문에 그 영향력을 우리가 의식적으로 인지하기는 쉽지 않기 때문이다.

제임스 클리어는 우리가 앞에서 다룬 환경에 대해 언급하면서 환경이 습관에도 영향을 준다는 사실을 언급했다.

"환경은 인간의 행동을 형성하는 보이지 않는 손이다. 우리 모두가 성격이 다르긴 해도 특정한 행동들은 특정한 환경 아래서 반복적으로 일어나곤 한다." 라고 말하며 "이처럼 일반적인 변화 대부분이 내적이 아닌 외적 환경에 따라 일어난다. 이처럼 우리는 주위를 둘러싼 세계 때문에 변화한다. 습관은 모두 맥락을 따른다." 라고 적었다. 이어 "환경 디자인은 우리가 세상과 관계 맺는 방식에 큰 영향을 주는데도 우리는 이에 거의 참여하지 않는다. 우리 대부분은 다른 사람들이 만들어 놓은 세상에서 살고 있다. …(중략) 환경디자인은 우리가 자신을 통제할 수 있게 해 주고, 자기 삶의 설계자가 되도록 만들어 준다." 라고 말했다. 제임스 클리어 역시 습관 이전에 환경 그 자체가 우리에게 미치는 영향력과 그에 따라 우리가 환경을 활용해야 할 필요성 그리고 그를 위해 필요한 우리의 주체성을 강조하고 있다.

그렇다면 습관은 우리에게 어떤 영향력을 갖는가? 환경이 그 자체로 우리에게 도움을 준다면 이는 습관도 마찬가지다. 습관 역시 한번 만들어지면 우리의 별다른 노력을 요구하지 않고 스스로 작동하기 때문이다. 하지만 환경에도 우리가 순응했을 경우, 우리 자신에게 부정적인 영향을 주는 환경이 있듯이, 습관 중에도 우리에게 해가 되는 습관들이 있다.

이 책을 읽는 독자들도 본인에게 도움이 되지 않는다고 생각하는 습관, 더 나아가 고치고 싶은 습관을 하나 이상씩은 다 가지고 있을 것이다. 침을 뱉는 습관이나 한숨을 쉬는 습관 혹은 자꾸 머리를 긁는다거나 다리를 떠는 것일 수도 있고 손톱을 뜯거나 구부정한 자세로 앉아 있는 것일 수도 있다. 또는 쉽게 짜증을 내거나 자연스럽게 욕이 나오는 것 등 혹은 하루를 침대에서 핸드폰만 보며 보내는 생활패턴이나 운동은 전혀 하지 않고 패스트푸드만 먹는 행동 양식 등도 나태함의 습관화라는 관점에서 고치고 싶은 습관일 수 있다.

만약 딱히 고치고 싶은 습관이 없다면 더욱 좋다. 곧바로 당신이 가졌으면 싶은 습관에 집중하면 되기 때문이다. 매일 운동을 꾸준히 하는 것, 허리를 펴고 앉아 있는 것, 좋아하지 않는 식단이더라도 하루 세끼를 꼭 먹는 것, 하루에 30분씩 책을 읽는 것, 매일 1시간 운동을 하는 것 등등 습관으로 익히고 싶은 것들이 있을 것이다. 이에 대해 생각해본 적이 없다면 지금 당신이 이루고 싶은 목표를 떠올리며 그 목표를 달성하기 위해서는 어떠한 습관이 필요할지 고민해보고 그 습관을 만들기 위해 노력하면 된다.

불필요한 습관들을 없애고 내게 도움이 되는 습관들을 만들어 놓으면 내가 세운 목표로 나아가는 길이 훨씬 편해진다. 내가 이전보다 더 적은 노력과 신경을 쓰면서도 이전보다 더 효율적이고 긍정적인 행동을 꾸준히 할 수 있기 때문이다. 일단 습관을 한번 들여놓으면 나의 무의식과 행동 패턴이 이를 알아서 유지해 주는 것이다. 아침에 기상 방송이 울리자마자 일어나는 첫날과 둘째 날에 필요한 노력과 에너지가 백일째 되는 날 방송을 듣자마자 바로 일어날 때 필요한 것보다 몇 배 혹은 몇십 배 더 크다.

모든 행위는 꾸준한 반복을 거치면 습관이 되고 습관이 된 행동은 훨씬 적은 노력으로도 유지할 수 있다. 이러한 면에서 이 과정은 굉장히 유용한 선순환이지만 대부분의 습관이 그러하듯 만약 이 습관이 불필요한 행동이라면 이는 악순환이 되어버린다.

정리하자면 우리는 이 과정이 악순환으로 작용하고 있는 습관들을 없애고 효율적인 습관들을 선순환으로 몸에 익혀 내 전반적인 무의식적 행동 자체가 나를 나의 목표로 이끌도록 설정해야 한다. 우리가 더 적은 노력으로 나를 성장시키는 습관을 반복할 수 있게 될 때 우리는 더 쉽고 빠르게 성장할 뿐 아니라 그만큼 절약되는 에너지를 다른 분야에 쏟을 수 있다. 이것이 습관을 나의 편으로 만들어 나를 몇 배는 더 효율적으로 발전시키고 더 빠르게 나의 목표로 나아가는 방법이다. 그렇다면 먼저 부정적인 습관을 없애는 방법에 대해 알아보자.

즉시 중단 / 즉시 실행

원치 않는 습관을 고치는 첫 번째 방법은 이 책을 읽고 있는 지금 당장 시도해볼 수도 있다. 만약 없애기를 원하는 습관이 지금 당장 행동으로 옮길 수 있는 것이라면, 예를 들어 손톱을 뜯는 행위라든가 다리를 떠는 행위 혹은 하기로 한 행동을 계속 미루는 등의 습관이라면 지금 바로 그 습관을 불러온 뒤에 즉시 중단시키는 것이다.

독자가 고치기를 희망하는 습관이 군것질을 먹는 습관이라고 가정해 보자.

그렇다면 이 글을 읽고 있는 지금 바로 어디서든 과자를 구해 입에 넣어라. 그리고 한 조각을 먹은 뒤에 손을 떼는 것이다. 혹은 관물대를 정리하겠다고 마음을 먹었지만 뭐든지 미루는 습관 때문에 며칠째 행동에 옮기고 있지 않다면 지금 당장 책을 덮고 관물대 정리를 비롯해 미뤄놓은 일들을 다 끝내는 것이다. 흡연이어도 좋다. 지금 바로 흡연실로 가서 담배를 입에 물고 딱 한 번 들이마신 뒤 버려라. 그리고 만약 다음에도 과자를 먹고 있거나 할 일을 미루거나 담배를 입에 문 자신을 발견하면 오늘 한 것처럼 그 즉시 중단하자.

나는 이 방법을 내가 고치고 싶은 다양한 습관들에 사용했고, 또 하고 있는데 효과는 확실하다.

불편한 감정

두 번째 방법은 불편한 감정을 회피하지 않는 것이다. 불편함이 느껴졌을 때 이를 애써 외면하거나 합리화하지 말고 있는 그대로 느끼고 분석하라는 말이다. 우리 모두 불편함을 수도 없이 느끼며 살아왔다.

여기서 말하는 불편함이란 자기 자신을 속이고, 자기 자신을 방치하고, 자기 자신에게 패배할 때 느끼는 감정을 말한다. 이러한 불편함을 느끼는 가장 흔한 경우는 하지 않기로 다짐한 행동을 욕구에 못 이겨 다시 하게 됐을 때로 예를 들자면 다음과 같은 것들을 말한다.

게임을 줄여야 한다는 사실을 알면서도 계속 게임을 하고 있는 자신을 발견했을 때, 이틀 전에 금연하겠다고 선언했지만 지금 담배를 피우고 있는 자신을 발견했을 때, 앞으로 매일 운동하러 가겠다고 말했으면서도 오늘 하루 누워서 핸드폰만 하며 시간을 보내버린 자신을 발견했을 때, 다이어트를 하겠다고 말한 지 몇 달째지만 오늘도 라면을 먹고 있는 자신을 발견했을 때 등등 이러한 상황에 느껴지는 불편함과 같은 것들이다.

우리는 그동안 이런 불편함을 느낄 때마다 내일부터는, 다음부터는, 지금부터는 바뀔 거라 자신을 속이며 심리적 불편함을 무시했다. 그리고 환경적 요소들과 주위 사람들을 탓하며 스스로 합리화 해왔다. 이러한 합리화까지도 우리 안에 하나의 부정적인 습관으로 자리 잡고 있다.

나 스스로 다짐한 것을 그 누구도 아니고 나 자신의 나태함과 자제력 부족으로 무시해버렸는데 어떻게 불편하지 않고 괴롭지 않을 수 있겠는가? 하지만 우리는 이러한 불편하고도 괴로운 감정을 빨리 치워버리는 데에도 아주 능숙하다. 순식간에 합리화를 마친 뒤, 다시 망각의 기술이라고도 불리는 핸드폰과 컴퓨터 모니터 속에 집중해버리는 식이다. 이러한 과정들 하나하나가 모여 우리의 무의식과 습관을 또 형성하는 것이다. '나는 무엇을 하겠다고 다짐해도 하지 못하는 경우가 다반사며 만약 실패하더라도 딱히 손해 보는 것도 없어 그리 기분이 나쁘지도 않다. 그냥 다시 다짐하면 그만이다.' 같은 생각들이 우리의 머릿속에 박힌다.

우리는 이 악순환의 시작점을 고쳐야 한다. 만약 우리가 하지 않기로 다짐한 행동을 습관적으로 또 해버렸다면 그 상황에 느껴지는 모든 불편함과 부정적 생각들을 다 그대로 받아들여라. 그대로 받아들이라는 말은 그때 드는 모든 자기 비판적인 생각들을 정말 자기 자신으로 받아들이라는 말이 아니다. 자기가 그 행동을 함으로써 지금 내 머릿속에서 어떤 느낌과 생각들이 드는지 암기라도 하는 것처럼 하나하나에 초점을 맞춰서 분석하는 것이다.

내가 나 자신을 절제하지 못하고 이 행동을 할 때마다 어떤 생각과 어떤 느낌들이 드는지 알아보는 것이다. 그러면서 그러한 생각들이 어디까지 부정적으로 뻗어갈 수 있는지 그리고 그러한 느낌들과 생각들을 더 자주 접할수록 우리 자신에게 어떠한 영향을 미칠지까지 생각해보자.

조건 계획

세 번째 방법은 조건 계획이다. 조건 계획이란 "X이면 Y이다."의 형태로 계획을 세우는 것을 말한다. 인지심리학자 개리 마커스는 심리학자 피터 골위처의 연구를 인용하며 "감자튀김을 보면 그것을 멀리하겠다."라는 예를 통해 이 개념을 설명한다. 어떤 행동을 하겠다는 혹은 습관을 들이겠다는 막연한 목표나 심지어는 더 구체적인 계획을 세우는 것만으로는 부족하며, 조건 계획이 그 행동의 성공 확률을 크게 높인다는 것이다.

제임스 클리어도 "X라는 상황이 발생하면 Y라는 행동을 하겠다." 라는 문장으로 조건 계획으로 볼 수 있는 개념을 통해 습관을 들이거나 없애는 방법을 제시한다.

여기에는 뇌과학적 설명이 필요한데, 개리 마커스의 표현을 빌리자면 우리 뇌는 '반사 체계'와 '숙고 체계'로 이루어져 있다. 여기서 반사 체계는 선조 체계라고도 할 수 있는데, 인간의 역사 속에서 우리의 선조들이 아주 오랫동안 과거의 환경에서 살아오면서 진화해 자동적으로 작용하는 체계이다.

반면 인류 역사의 흐름으로 보았을 때 비교적 최근에 진화되었고, 현세대의 우리가 종종 사용하는 방식처럼 일정 수준 이상으로 합리적으로 정보를 처리하는 체계가 숙고 체계이다. 따라서 현시대에서 우리가 추구하는 가치들을 얻기 위해 합리적이고 이성적으로 짠 계획들은 숙고 체계와 통하며 반사 체계와는 상호작용 하기가 어렵다는 것이다.

하지만 'X이면 Y이다'의 형태는 모든 반사의 기본이 되는 형태이기 때문에 이러한 형태로 계획을 세우는 것은 우리가 목표에 도달하기 위해 우리의 반사 체계의 힘까지도 활용하는 셈이 된다.

나는 이러한 조건 계획을 활용하여 "공부 연등을 꾸준히 하겠다." 또는 "쓸데없는 영상 시청을 줄이겠다"와 같은 계획이 아니라 "불침번 근무가 없는 날이라면 무조건 공부 연등을 신청하겠다"와 "아무런 목적 없이 핸드폰 속 스크롤을 내리며 '볼 만한 것'을 찾고 있다면 그 즉시 핸드폰을 내려놓겠다." 라는 계획을 세웠다. 이를 통해 나는 2021년 한해 동안 공부 연등이 금지된 훈련 날 등과 휴가를 제외하고는 오후 11시 30분 이전에 잠을 자본 적이 없다. 휴가 전날이라 하더라도 어김없이 자정 무렵까지 공부 연등을 했다. 또한 핸드폰 사용 시간도 효과적으로 줄였으며 그와 같은 습관은 시간이 지나 아예 개인정비 시간을 30분 남겨두고 핸드폰을 가져오는 지금의 습관으로 이어지기도 했다.

그렇다면 이제는 아침에 기상 방송이 울리자마자 일어나 양치를 하는 등 내가 진정 원하던 습관을 어떻게 들이게 되었는지 이야기해보도록 하겠다.

자극 배치

원하는 습관을 들이는 첫 번째 방법이 있다. 그 습관과 관련된 요소들을 우리 주변에 최대한 많이 만드는 것이다. 다시 말하자면 우리가 어떤 행동을 해야 한다는 사실을 상기시켜 주는 요소라든가 그 행동을 하기 수월하게끔 해 주는 요소 혹은 그 행동을 하기 위해 꼭 필요한 요소 등을 주위에 많이 배치해 두는 것이다.

우리가 새로운 습관을 들이려고 할 때, 그 특정 행동을 하도록 자극하는 요소들이 많을수록 우리는 그 행동을 하게 될 가능성도 높아지고 하는 횟수도 많아지기 때문이다.

이는 환경의 조성을 통해 우리가 원하는 습관을 들이는 데에 도움이 환경이 되도록 하는 대표적인 방법이다. 예를 들자면, 나는 나중에 여행을 통해 꼭 방문해보고 싶은 곳들의 사진을 내 침대 머리맡에 붙여 두었다. 매일 아침 눈을 뜰 때와 밤에 잠자리에 들 때 그리고 평소에 내 자리를 지나다닐 때마다 보이는 그 사진들은 내가 원하는 습관들을 꾸준히 유지할 수 있게끔 내게 동기를 부여하는 역할을 한다.

이뿐만 아니라 환경의 조정에 관한 예로 들었듯이 나는 군대에서 독서 습관을 들이기 위해 내 관물대에 약 80권의 책을 넣어두었다. 관물대를 쳐다만 보아도 수십 권의 책이 보이며 어떤 칸을 열던 다시 수십 권의 책들이 나타난다. 이 책들을 볼 때마다 책 읽는 습관을 들이겠다고 했던 나의 다짐과 그 책들을 읽어야 한다는 혹은 읽고 싶다는 의욕이 생기게 된다. 체력단련실에서의 운동을 위해 사둔 운동기구나 프로틴 혹은 운동보조기구 등을 자리 주변 눈에 띄는 곳에 두는 것도 운동을 하는 습관에 대한 자극이 된다. 또한 많은 사람들이 이미 사용하고 있는 방법 중 하나로 소위 몸짱이라 불리는 사람들의 몸 사진을 오려 침대 머리맡에 붙여두는 것도 이러한 방법 중 하나다.

나와 같은 부대인 부대원 중 한 명은 매일 아침 영양제를 먹는 습관을 효과적으로 들이기 위해 자기 전에 베개 옆에 영양제를 두고 자기도 했다.

이러한 자극들은 말 그대로 많으면 많을수록 좋은데 그 습관이 들이기 어려우면 어려울수록 많은 자극은 도움이 된다. 그래서 나는 최대한 많은 자극을 주기 위해 '의식하기' 부분에서 언급한 손등 위의 점과 주머니에 지니고 다니는 수첩을 활용하기도 했다. 손등에 찍은 점을 보거나 수첩이 느껴질 때마다 내가 들이기로 했던 습관들이 떠오르게 되는 것이다.

이러한 자극 배치는 다른 방식으로도 활용할 수 있는데 우리가 어떠한 행동을 '하도록 하는' 자극이 아니라 하기로 마음먹은 행동을 '하지 않는 것을 막는' 자극을 배치하는 것이 그 방식이다. 쉽게 말해 우리가 새롭게 들이기로 한 습관을 잘 이행하지 않으려 할 때 이를 막는 자극들을 배치하는 것이다. 구체적인 예로 많은 사람들이 이미 사용하고 있는 방식 중 하나로서 자신 계획이나 목표를 주변 사람들에게 알리는 행동을 들 수 있다. 자신의 계획과 목표 등을 주변 사람들에게 알리면 우리에게 그 행동을 하도록 하는 자극보다는 우리가 그 행동을 제대로 이행하지 않거나 내 계획을 어기고 있을 시에 지적해 주는 등의 자극을 주기 때문이다. 심할 경우 주변 사람들은 우리에게 게으르다거나 의지가 부족하다거나 '그럴 거였으면 계획을 왜 세우고 목표는 왜 잡았냐'며 한마디씩 하기도 하는데 이러한 말들은 우리의 기분은 상하게 하지만 이를 통해 우리가 그 행동을 '하지 않는 것', 즉 목표를 무시하고 계획을 이행하지 않는 것을 막아 준다.

나는 주변 사람들에게 알리는 방법 말고도 계획의 미이행을 막아 주는 자극을 한 가지 더 두고 있는데, 이는 날마다 그날의 계획표를 짜는 것이다. 나는 매일 아침 눈을 뜨고 양치를 하자마자 그날 해야 할 것들을 적는다.

예를 들자면 이 책을 몇 페이지 이상 작성하는 것, 내가 읽고 있는 책을 몇 페이지 이상 읽는 것, 운동을 다녀오고 나서 찬물 샤워를 하는 것, 훈련소에 있는 친구에게 인편을 쓰는 것, 공부 연등을 신청해 경제 공부를 하는 것 등을 작성한다. 그리고 매일 밤 자기 전에 이 계획표를 잘 이행했지는 점검하는데, 이 과정이 내가 계획을 이행하지 않는 것을 막아 주는 역할을 한다. 매일 반복되는 이 과정에서 내가 이행하지 않은 항목들이 많아지거나 이행하지 않은 항목들이 많아질수록 내가 나를 검사하는 이 과정에서 나의 게으름이 더 쉽게 그리고 자주 적발되기 때문이다.

정리하자면 효과적으로 새로운 습관을 들이기 위해서는 새롭게 들이기로 마음먹은 습관을 우리에게 상기시켜 줌과 동시에 그 습관을 새롭게 가져야 하는 이유, 즉 목표에 계속해서 초점을 맞추어야 하는데 이를 수월하게 해 주는 많은 자극들을 만들어 놓는 것이다. 여기에다가 우리가 그 습관을 들이려는 노력을 꾸준히 하지 않거나 우리 자신과의 싸움에서 질 경우를 대비해 주변 사람들이나 계획표 등을 통해 계획 미이행을 방지하는 자극들도 마련해 놓는 것이 효과적이다.

어쩌면 현재 나의 주변 환경이 이러한 자극들이 전혀 존재하지 않거나 혹은 심지어 이런 자극들을 일부러 만들지 않고 있는지, 존재하는 자극들까지도 숨겨버리고 있는지 점검할 필요가 있다.

일단 입에 넣기

세계적인 안무가이자 무용가인 트와일라 타프는 자신의 습관을 매일 꾸준히 체육관에 가서 운동을 하는 것이라고 말하지 않는다.

"나는 평생 한 가지 의식으로 하루를 시작합니다. 오전 5시 30분에 일어나 운동복을 입고, 레그워머를 착용하고, 스웨트셔츠와 모자를 걸치

죠. 그러고 나서 맨해튼에 있는 집에서 나와 택시를 부르고, 운전기사에게 91번가의 1번 길에 있는 펌핑 아이런 체육관에 가자고 말하고, 그곳에서 두 시간 동안 연습을 해요. 내가 말하는 의식은 체육관에서 매일 아침 스트레칭을 하고 웨이트 트레이닝을 하는 신체적인 것이 아니에요. 바로 택시 잡기죠. 간단한 행동이지만 매일 아침 똑같은 행동을 습관으로 만들었어요. 계속 반복해서 하기 쉽게 만든 것이에요. 이는 그 행동을 건너뛰거나 하기 어려워지는 경우를 줄여 줍니다. 일상적인 무기가 하나 더 늘어날수록 생각할 것이 더 줄어드는 거죠."

그녀는 대신 매일 아침 일찍 눈을 뜨자마자 바로 옷을 입고 거리로 나가 택시를 잡는 것이 자신의 습관이라고 말한다. 현대 최고의 안무가인 그녀의 습관이 무용 연습이나 운동이 아닌 아침에 택시를 잡는 것이라는 사실은 다소 생소하다. 트와일라 타프가 "이는 그 행동을 건너뛰거나 하기 어려워지는 경우를 줄여 줍니다."라는 말에 그녀가 택시 잡는 일을 습관으로 만든 이유가 들어 있다. 그녀를 포함한 그 어느 사람에게나 아침 일찍 체육관에 가서 몇 시간 동안 운동과 춤 연습을 하는 것은 쉬운 일이 아니다.

하지만 아침에 밖에 나가 택시를 잡는 것 정도는 누구나 할 수 있다. 그리고 그녀는 일단 택시를 잡고 체육관에 도착을 하면 그 이후의 단계는 훨씬 더 수월하게 진행된다는 것을 깨달았던 것이다.

나는 이것을 '일단 입에 넣기'라고 부른다. 무엇이든 입으로 씹고 맛보고 삼키기 전에는 입에 넣어야 한다. 이 모든 과정에서 입에 넣는 행동이 필요로 하는 시간적, 에너지적 자원은 상대적으로 매우 적지만 그럼에도 우리는 맛이 쓴 한약 등을 먹을 때 입에 넣는 과정을 제일 힘겨워한다. 이는 음식을 입에 넣는다는 행위를 이후에 이어지리라 예상되는 씹기, 맛보기, 삼키기 등의 행위와 연관시키는 것에서 비롯된다. 이와 마찬가지로 우리가 우리 몸을 체육관에 가져다 놓기가 힘든 이유는 체육관에 도달하는 일 자체가 어렵기 때문이 아니라 그 이후에 우리가 오랜 시간 운동을 해야 한다는 과정까지 연관 지어 판단하기 때문이다.

그렇다면 만약 싫어하는 음식을 씹거나, 맛을 느끼거나, 삼키지 않아도 되니 그저 입에만 넣어보라고 하거나 운동을 하지 않아도 괜찮으니 체육관에만 도착하라는 임무가 주어지면 어떨까? 꼭 책을 읽거나 공부를 하지 않아도 괜찮으니 일단 도서관 문 앞에만 가보라고 하는 등의 임무 말이다. 단언컨대 우리는 그 이후에 이어질 행동들을 예상하여 연관시킬 때와 비교해서 훨씬 더 수월하게 그 임무를 완수할 수 있을 것이다. 군 복무 중 꾸준한 운동을 통해 좋은 몸을 만드는 것이 목표라면 매일매일 꾸준하게 체력단련실에 가서 운동을 하는 습관이 필요할 것이다.

하지만 침대에 누워서 핸드폰을 하고 있을 때, 체력단련실까지 도착한 뒤 1시간 가량 땀을 흘리며 운동을 하겠다는 마음은 행동으로 옮겨지기가 쉽지 않다. 이럴 때 '운동은 하지 않아도 좋으니 일단 체력단련실 안에 들어가기만 하자.' 라고 생각하는 것이다. '하루도 빠짐없이 체력단련실 안에 들어가는' 습관을 만들기로 하는 것이다. 이러한 계획과 습관은 앞서 매일매일 운동을 하겠다던 계획보다 훨씬 쉽고 간단하기 때문에 달성할 확률이 크게 올라간다.

만약 군 생활 중에 특정한 자격증을 따는 것이 목표라면 매일 공부 연등을 신청해 잠을 줄이고 1시간 이상씩 공부를 하겠다는 계획보다는 일단 매일 밤마다 공부 연등을 신청해 오후 10시 01분에 북카페 혹은 사이버 지식정보방에 있겠다는 계획을 세우는 것이다. 저녁 점호가 끝나고 당직사관님께 공부 연등을 신청하는 습관은 잠을 줄여가며 1시간씩 공부하는 습관보다 훨씬 들이기 쉬울 것이다.

하지만 다들 알다시피 1분 동안 공부 연등을 하거나 체력단련실 바닥을 한 번 밟아보고 나오는 등 '입에 넣기'만 하는 행동으로는 우리의 목표를 달성할 수 없다. 이것이 '일단 입에 넣기' 방법의 한계처럼 보일 수도 있겠지만 실은 그렇지 않다.

그 이유는 간단하다. 일단 입에 넣으면 먹게 되기 때문이다. 맛이 써서 먹는 과정이 힘들더라도 먹는다면 우리에게 도움이 되는 음식, 예컨대 엄마가 우리에게 건넨 한약 등을 우리는 일단 입에 넣으면 삼키게 된다. 이와 마찬가지다. 자리에서 일어나서 신발을 신고 체력단련실 안에 도착했는데 '아 이제 됐다.' 하고 돌아서서 다시 침대로 돌아가 누워서 핸드폰을 하는 경우는 없다. 마찬가지로 공부 연등을 신청한 뒤 책을 들고 자리에 앉은 다음 1분이 지났으니 이제 가서 TV를 봐야겠다거나 잠을 자야겠다고 하는 사람은 없다. 쉽게 말해 일단 입에만 넣자는 식의 마음가짐은 우리 자신을 속이는 일시적인 거짓말 같은 것이다. 침대에 누워 있는 우리와 밤에 생활관 사람들과 같이 TV를 보고 싶어 하는 우리 자신을 설득할 때는 일단 입에만 넣자는 식의 설득이 효과적일 수 있다. '그래 오늘은 체력단련실에 발자국만 남기고 돌아와서 핸드폰 좀 하자.' 라든가 '오늘은 재미있는 드라마를 본다고 했으니 1분만 공부하다가 들어가자.' 라는 생각을 실제로 하게 되는 것이다. 하지만 상황이 달라지는 것은 실제로 입에 넣은 뒤이다.

일단 첫 번째로 계속 강조하고 있는 환경의 영향력이 작용한다. 생활관 안에 놓인 내 침대에 누워서 핸드폰을 하고 있을 때와 체력단련실 한가운데 서 있을 때의 환경은 그 자체로 큰 차이가 있기 때문이다. 침대에 누워 핸드폰을 사용하고 있는 상황은 체력단련실에서 운동을 하는 행동보다 그대로 누워 핸드폰을 계속해서 사용하는 행동을 유도한다.

하지만 반대로 여러 사람이 운동을 하고 있는 체력단련실 가운데에 서 있는 환경은 다시 밖으로 나가 침대로 돌아가서 핸드폰을 하는 행동보다 그곳에서 어떠한 운동이라도 하게끔 자극한다.

다음으로 작용하는 요소는 원하지 않는 습관을 고칠 때 활용할 수 있다고 한 불편한 감정이다. 침대에 누워 핸드폰을 하면서 '아, 운동하러 가야 하는데….' 라는 생각만 하며 몸을 움직이지 않는 것에서부터 우리는 불편한 감정을 느낀다. 자신의 다짐을 무시하고 자기 자신이 나약하고 게으르다는 생각이 들기 때문이다. 하지만 이미 누워서 핸드폰을 사용하고 있는 우리로서는 그러한 불편함을 다시 뒤로 한 채 핸드폰 속에 정신을 맡기면서 그 상황이 그렇게 나쁜 상황은 아니라거나 혹은 다음부터 체력단련실에 가면 된다는 등의 합리화가 작용하기 쉽다.

그렇다면 만약 체력단련실에 방금 문을 열고 들어온 상황에는 어떨까? 이때는 이 불편한 감정이 몇 배로 증폭되며 이를 애써 외면할 방법도 시원치 않다. 한번 생각해보라. 만약 체력단련실 안에 서서 운동을 하고 있는 다른 사람들을 바라보다가 운동은 조금도 하지 않고 바로 생활관 침대로 돌아가겠다는 마음을 쉽게 먹을 수 있을까? 이러한 생각은 행동으로 옮기는 것은 물론이고 이런 생각이 들 때부터 우리가 얼마나 게으르고 나태한지 느끼게 된다. 공부 연등을 신청한 뒤 1분 만에 복귀하는 것도 마찬가지다.

이뿐만 아니라 체력단련실이나 북카페 혹은 사이버 지식정보방에 같은 부대 사람이라도 있는 경우에는 오자마자 가버리는 행동이 창피하게 느껴질 수도 있다. 그 사람이 선임이거나 동기일 경우 왜 오자마자 다시 가느냐며, 뭐라도 하고 가라고 한마디 던질 수도 있을 것이다.

이렇듯 일단 입에 넣기만 해보자는 유혹으로 게으르고 나태한 우리 자신을 설득시킨다면 변화된 환경과 우리의 불편한 감정 그리고 주변 사람들과 그들을 의식하는 우리의 내면이 그것을 맛보고 삼키는 것은 도와줄 것이다. 물론 그 행동을 해내겠다는 그 행동을 내 습관으로 만들겠다는 확실한 목표는 필수이다. 그러한 목표조차 없다면 그런 사람은 아마 체력단련실에 도착하는 것조차 하지 않을 수도 있고, 도착한다 하더라도 금방 나올 가능성이 크다.

미래지향적 사고

신경과학자인 대니얼 J. 레비틴은 본인의 저서에서 캘거리대학의 조직심리학자 피어스 스틸을 미루기 습관에 관한 세계적 권위자라고 칭하며 그의 말을 인용했다.

"인간은 실망에 대한 내성이 낮다. 매 순간 어떤 과제를 시행하고, 어떤 활동을 추구할지 결정할 때마다 우리는 가장 보람이 큰 활동이 아니라 제일 쉬운 활동을 선택하는 경향이 있다. 즉 불쾌하거나 어려운 일은 뒤로 미룬다. 우리는 자신이 달성한 성과를 통해 자신의 가치를 평가하는 경향이 있다. 전반적인 자신감 결여든, 이 특정 프로젝트 때문에 탄로가 날 자신감 결여든 간에 우리가 일을 뒤로 미루는 이유는 그렇게 함으로써 자신의 평판이 위험에 내몰리는 것을 미룰 수 있기 때문이다. 이것이 바로 심리학자들이 자존심 보호 술책이라고 부르는 것이다."

피어스 스틸의 말에서 알 수 있듯, 우리가 우리 자신에게 도움이 될 어떤 행동을 꾸준히 하지 못하는 배경에는 미래적인 사고가 결여되어 있다. 미래에 얻게 될 보람이나 발전보다는 현재의 쉬운 난이도와 편함 그리고 자신의 자존심을 지키는 것에 집중한다는 것이다.

대니얼 J. 레비틴은 이 맥락에서 이렇게 적었다.

"일반적으로 마무리하는 데 오랜 시간이 필요한 활동, 따라서 보상받는 데도 오랜 시간이 걸리는 활동은 늦게 시작될 가능성이 많고, 즉각적인 보상이 따르는 활동은 뒤로 미루어질 확률이 확실히 덜하다."

습관을 들인다는 것 자체가 특정한 행동을 꾸준히 반복하면서 우리 몸에 익힌다는 의미인 만큼 충분히 많은 노력과 시간을 필요로 한다. 하지만 우리는 이렇듯 보상이 주어지는 데 오랜 시간이 걸리는 활동보다는 침대에 누워 핸드폰을 보거나 게임방에서 게임을 하는 것처럼 지금 당장 보상을 얻을 수 있는 행동을 선호한다. 이는 심리학적으로 자연스러운 반응이지만, 그렇다고 해서 이러한 행동 양상이 우리에게 최선의 결과를 가져다 주는 것은 아니다. 특히나 군대에서는 현재의 즉각적인 보상이 미래의 더 큰 보상과는 양립하기 힘들 때가 많다.

따라서 우리는 지금 당장의 육체적 편안함과 노력으로부터 오는 고통의 회피보다는 미래에 얻게 될 더 큰 보상과 발전에 주목해야 한다. 이 과정에서 꼭 필요한 것이 미래지향적 사고이다. 이러한 미래지향적 사고는 어떤 습관을 들일 때뿐 아니라 특정 습관을 없애려는 경우에는 물론이고, 어떤 상황에서 간단한 판단을 내릴 때에도 사용할 수 있다. 단지 이 글을 쓰고 있는 나는 지금 당장 하기는 싫고 힘이 들지만 한번 들이고 나면 나에게 큰 도움이 될 습관들을 들이는 데에 이러한 미래지향적 사고를 자주 사용했기 때문에 이 부분에서 이야기하는 것이다.

미래지향적 사고를 하기 위한 유일한 준비는 원하는 미래에 대한 이미지를 갖고 있는 것이다. 본인이 미래에 어떤 사람이 되어 있고 싶은지, 본인은 어떤 사람이 되어가고 싶은지에 대해 확실한 목표를 가지고 있다면 우리는 그러한 우리의 목표와 우리의 미래를 그 목표에 최대한 맞추어가고자 하는 노력을 할 수 있다. 그리고 이러한 노력에는 다양한 방법이 있다.

먼저 가장 단순한 방법은 미래 시점의 우리 입장으로 생각해보는 것이다. 어떤 습관을 없애거나 들일 때 혹은 특정한 행동을 할지 말지 고민하는 때에 며칠, 몇 개월, 몇 년 이후의 시점에서 생각해보는 것이다. 나는 군대에서 이러한 사고를 할 경우에는 항상 '전역하는 순간에 어떤 선택을 후회하게 될까?' 라든가 '전역하는 순간의 나에게 더 도움이 될 지금 현재의 선택은 무엇인가?' 라는 질문의 형태로 진행한다.

이러한 질문에 대한 답을 할 때 누군가의 도움을 받을 수 있는데, 그는 바로 현재의 우리다. 물론 미래의 우리가 어떤 선택을 후회하고 어떤 선택을 잘했다고 여기게 될지 판단하는 것은 당연히 현재의 우리에게 달려 있다. 하지만 도움을 받을 수 있다고 표현한 현재의 우리란 과거의 미래로서 존재하는 우리이다.

그렇다면 우리는 현재 과거의 어떤 행동들, 즉 어제 혹은 지난 주 혹은 지난 달 심지어는 몇 년 전의 행동이나 선택 중 무엇을 후회하는가? 이러한 질문에 대한 우리의 답을 참고하면 미래의 우리가 어떤 선택을 후회하고 어떤 선택을 만족해할지 조금 더 확실하게 아는 데 도움이 된다.

두 번째 방법은 내가 '가능성 높이기'라고 부르는 것이다. 가능성 높이기란 말 그대로 우리가 원하는 일이 일어날 가능성과 우리의 목표가 실현될 가능성을 높이는 것을 말한다. 즉 어떠한 행동을 할지 말지 망설여지거나 하지 않기로 한 행동을 하고 싶어지거나 하기로 한 행동을 하기 싫어질 경우에 그 행동을 하거나 하지 않을 경우, 미래의 가능성에 어떤 영향을 미칠지 생각해보는 것이다.

극단적으로 들릴 수 있겠지만, 우리는 매 순간 수많은 확률들 속에서 살아가며 우리의 자그마한 행동 하나와 사소한 판단 하나로도 그 확률들은 끊임없이 변화한다. 지금 우리 모두에게는 각자가 미래에 대통령이 될 확률도, 몇 분 뒤에 다리가 부러질 확률도, 언젠가 국적을 바꾸게 될 확률도 존재한다. 이렇듯 우리의 미래에는 무수히 많은 일에 대한 가능성이 존재하고 있다.

따라서 우리가 작은 행동 하나 그리고 사소한 판단 하나로 이 많은 가능성을 변화시킬 수 있다면, 기왕이면 우리가 원하는 미래가 실현될 가능성을 조금이나마 높이고 우리가 피하고 싶은 미래의 가능성은 조금이나마 낮추는 편이 합당할 것이다.

내가 원하는 미래가 실현될 가능성을 높이기 위해서는 어떤 행동을 하는 것 혹은 어떤 습관을 들이는 것이 좋을까? 내가 이 습관을 없애지 않는다면 미래에 어떤 일이 발생할 확률이 높아질까? 내가 이 행동을 한다면 미래에 어떤 일이 발생할 확률을 높이는 것일까? 등의 질문을 통해 우리 미래에 존재하는 가능성에 대해 고려하며 행동을 결정하는 것은 분명 우리가 부정적인 습관을 고치고 긍정적인 습관을 익히는 데에 도움을 준다.

마지막 방법은 조금 더 재미있는 방법이다. 바로 우리 자신을 게임 캐릭터처럼 생각해보는 것이다. 우리는 게임 캐릭터를 키울 때 절대 노력이 필요하지 않으면서 아주 간단하고 편한 일만 반복하지 않는다. 게임 캐릭터가 성장할 수 있도록 그 캐릭터에 맞는 임무들을 계속 수행해나가고 가끔은 캐릭터의 능력이 최대치로 발휘되어야만 해결할 수 있는 임무도 수행하곤 한다. 심지어 주인공이 성장하는 스토리의 만화나 애니메이션을 볼 때도 우리는 그 이야기의 주인공이 편하고 쉬운 일만 하면서 성장하는 모습을 볼 수도 없을 뿐더러 그런 이야기를 바라지조차 않는다.

이렇듯 우리 자신이 키우는 게임 캐릭터나 우리가 보는 만화 속 주인공들은 항상 노력이 필요하고 어렵지만, 완수하고 나면 큰 보상과 성장을 얻게 되는 임무를 완수한다.

하지만 정작 우리 자신은 그 캐릭터들이 성장하고 큰 보상을 얻게 되는 과정을 직접 진행하고 지켜볼 뿐, 우리가 그러한 노력을 하려고 하지는 않는다.

그러니 우리를 게임 캐릭터라고 생각해보는 것이다. 우리 자신이 우리가 키우는 게임 캐릭터라면 아마 우리는 공부, 독서, 운동 등을 통해 우리 캐릭터의 지능과 교양, 체력 등의 능력치를 올리려고 노력했을 것이다. 또한 컴퓨터 게임이나 핸드폰 사용 등의 휴식시간은 제한적으로 부여해줬을 것이고 손톱을 물어뜯거나 아무 때나 욕설을 뱉는 등 나쁜 습관이 있다면 이를 고치기 위해 노력했을 것이다. 우리 캐릭터의 건강을 위해 충분한 수면 시간을 유지하면서도 일정한 시각에 자고 일정한 시각에 일어나도록 했을 것이며 몸에 좋지 않은 음식은 어느 정도 자제해가며 섭취하도록 했을 것이다. 무엇보다 우리 캐릭터가 점점 성장해나가는 모습을 보면서 재미와 희열을 느끼며, 점점 더 능력치를 높여가는 맛에 게임을 끊을 수 없을 것이 분명하다.

이렇듯 우리 자신을 인생이라는 게임 속 캐릭터라고 생각한다면 우리는 자연스럽게 우리의 캐릭터가 도달하고자 하는 목표에 집중하게 된다. 그리고 그 목표를 달성하기 위해서는 우리의 캐릭터를 어떤 식으로 성장시켜야 할지 계획하고 실행하게 된다. 그리고 앞서 강조한 것처럼, 우리 캐릭터가 성장해가는 모습을 보고 뿌듯함과 희열감을 느낄 것이다.

이러한 미래지향적 사고들을 통해 들이기로 마음먹은 습관이 행동으로 잘 옮겨지지 않는다거나 미래의 나에게는 도움이 될 것이 분명한 행동을 현재의 나는 하기 싫어하는 등의 문제들을 해결할 수 있을 것이다. 이러한 방법으로 우리의 주체적인 행동을 통해 습관까지 컨트롤 하게 되었을 때, 우리는 환경과 습관의 도움까지 받으며 목표로 더 수월하게 나아갈 수 있다.

국방의 임무에 대한 태도에 관하여

나는 사실 군복무를 하고 있는 우리들의 문제점에 관해 이야기하면서 국방에 대한 태도에 대한 지적을 포함하지 않으려 했다. 그 이유는 나 자신이 가지고 있는 가장 큰 문제점이기도 했기 때문이다.

솔직하게 이야기하자면 국방의 의무를 수행함에 있어서 나의 태도가 바람직하다고 자신할 수는 없었다. 내가 복무하던 부대에 존재하는 부조리를 개선하기 위해 노력하고 비효율적인 요소들을 찾아 개선하는 등의 노력은 누구보다 열심히 했지만, 부대 내의 규율을 완벽히 준수하거나 열정적으로 부대 업무에 임하지는 않았다.

굳이 남의 일까지 챙겨가며 도와준다거나 일을 만들면서까지 해야 할 필요는 없지만, 적어도 본인이 맡은 업무에는 열정적으로 책임감 있게 임하고 부대 내의 규칙들은 최대한 준수하려는 노력이 필요하다. 하지만 나는 이러한 노력이 부족했다.

내가 이러한 태도를 우리의 문제점 중 하나라고 생각하는 것은 군대라는 집단의 질서와 국가의 안전이라는 당연한 이유에서만은 아니다. 물론 국가의 안보를 책임지고 있는 군대에서 규율을 준수하고 맡은 일을 책임감 있게 수행하는 것은 그 무엇보다 중요한 것이라고 할 수 있으며, 이러한 사실만으로도 우리가 더 바람직한 태도로 군 생활에 임해야 할 충분한 이유가 된다.

하지만 나는 여기서 또 다른 이유를 한 가지 더 이야기하고 싶다. 군 생활 중에 군대와 관련된 업무, 즉 우리 각자가 세워둔 목표들과 이를 이루기 위해 해나가는 일이 아닌 부대 내의 작업이나 근무, 업무 등의 일과 규정을 준수하고 질서를 유지하는 일 등에 소극적이고 무책임한 자세로 임하는 것이 우리에게까지 도움이 되지 않는다는 사실이 그것이다.

내가 이렇게 이야기하는 이유는 내가 지금 이 책에서 이 내용을 다루고 있는 이유와 같다. 나는 내 사적인 목표들을 세우고 달성하기 위해 노력하는 과정에서 자연스럽게 부대 업무에는 신경을 최대한 덜 쓰고, 규정도 최소한으로 지키는 정도에서 확보되는 나의 편의를 사적인 목표를 위한 노력에 투자하는 것이 효율적이라고 생각했다.

시간이 흐르고 소극적인 태도로 군 업무에 임하며 여러 가지 규정들을 어느 정도 적당히 위반하면서 지내던 어느 날, 이러한 태도에 조금씩 회의감이 들기 시작했다.

내가 회의감이 느껴진 이유는 두 가지다. 일단 첫째로 내가 군 생활에 임하는 태도는 당당함이나 만족감보다는 부끄러움과 짜증과 같은 감정을 훨씬 자주 불러일으켰다. 부대의 업무를 수행하고 규율들을 지키는 데 투자할 에너지를 아껴 나의 사적인 목표를 달성하는 과정에 투자한다는 그럴듯한 생각에도 불구하고 내 태도가 그다지 만족스럽지도 않았을 뿐

더러 오히려 결과적으로는 회의감이 드는 상태까지 오고 만 것이다.

내가 맡은 업무에 최선을 다하지 않고 '이만하면 됐지.' 라는 식의 태도로 임하는 것은 그 에너지를 비축해 어디에 사용하느냐는 문제 이전에 나 자신이 맡은 일에 최선을 다하지 않고 대충 마무리 지어버리는 사람이 되어가는 듯한 느낌이 들게끔 했다. 바로 앞서 이야기했던 미래지향적 사고를 아주 잠시만 해보아도 이러한 태도는 내게 도움보다는 손해를 가져다줄 것이라는 사실이 명백했다. 이는 그저 현재의 내가 조금 더 편하기 위해 미래의 나에게 안 좋은 습관과 과거를 전해 주는 태도에 불과했다. 이러한 태도가 국방의 의무를 이행하는 데에 있어 바람직하지 않고 군대라는 집단의 공익을 해친다는 이야기는 말할 것도 없었다.

회의감이 느껴졌던 또 다른 이유로는 나 자신이 합리화를 하고 있다고 판단했기 때문이다. 부대 업무를 열심히 해봤자 나에게 도움 되는 것이 없고, 쓸데없는 에너지 낭비에 불과할 뿐이라고 생각하면서 사적인 목표 달성에만 집중하는 태도는 합리화에 불과했다. 다른 사람들도 다 한다는 이유로 나의 편의를 위해 부대의 규정을 일정 수준 어기는 행위는 당연하게도 유치하기 짝이 없는 합리화일 뿐이었다. 나는 부조리 행위는 하지 않았기 때문에 내 개인적 편의를 위한 규정 위반(복장 규정 위반, 결식 등) 행위는 타인에게 피해가 되지 않는다고 합리화하고 있었다. 간부님들의 입장에서뿐만 아니라 군대라는 집단적 차원에서도 내가 피해를 주고 있는 것은 분명했다.

또 한 가지 내가 합리화를 하고 있었던 것에 불과하다는 확신을 준 것은 다른 한두 명의 부대원들이었다. 그들은 맡은 일에 온갖 노력을 다 쏟는 것은 아니어도 충분히 적극적으로 임하였고 부대의 규정도 잘 준수하는 사람들이었다. 그런데 그들은 그런 태도를 가진 채로도 그들 각자가 세운 목표를 위해 운동도 하고 독서도 하고 공부도 하는 등 성실하게 살아가는 모습을 보여주었다. 그런 그들의 모습은 나에게 변명할 여지를 남겨주지 않았고 나는 결국 내가 현재 나의 편의를 위해 군부대의 공익과 나의 발전을 함께 저지하고 있다는 결론을 내릴 수밖에 없었다.

따라서 나는 부대 관련 업무에도 충실히 임하고 부대 내 규정을 최대한 준수하는 것 역시 군대와 나 자신을 위한 투자 중 하나라는 사실을 인정했다. 우리가 아무리 우리 각자의 목표에만 집중한다고 해도 군 생활의 대부분은 군대와 관련된 일들로 이루어지기 마련이다. 그런데 군대에 관련된 일은 일부러 외면하고 소극적인 태도로 임하며 그 속에서 정해진 규율들을 어긴다는 것은 대부분의 시간을 소극적이고 부정적인 태도로 보낸다는 말이 된다. 내가 일상의 많은 부분을 차지하는 부대 관련 업무에도 책임감 있는 태도로 임하고 규정을 준수하는 생활을 지켜나갔다면, 더 긍정적인 태도를 가졌을 뿐만 아니라 다른 부대원들이 나라는 사람을 더 좋은 시각으로 바라봤을 것이라고 확신한다. 자신을 더 적극적이고 바람직한 사람으로 거듭나도록 하며 주위 사람들이 우리를 그러한 사람으로 바라보도록 하는 행위는 자신의 주체성을 높임과 동시에 우리 미래의 긍정적 가능성을 높이는 일이기도 하다.

그뿐만 아니라 우리가 먼저 부대에 충실하고 규정을 준수할 때에 우리가 군대에 요구한 집단적 차원에서의 문제점들에 대한 해결이 더 신속하고 합리적으로 이루어질 수 있을 것이다.

CHAPTER 5

양날의
검

부대원들과의 상호작용

앞에서 군대가 가지고 있는 문제점 그리고 군대 구성원으로서 우리 자신들의 문제점들 역시 살펴보았다.

하지만 앞에서 설명한 것들 외에도 후회 없는 18개월을 보내는 데 방해가 되는 요소들이 있다. 이 요소들은 군대 또는 우리의 문제점이라고만 치부할 수는 없는 것들이며, 우리가 어떻게 활용하느냐에 따라 우리에게 독이 될 수도 득이 될 수도 있다. 따라서 양날의 검이라는 이름으로 따로 이야기해보고자 한다.

군대에는 우리 병사들이 군 생활 스트레스를 해소할 수 있는 여러 가지 방법이 있다. 이러한 방법에는 같은 부대의 부대원들과의 여가 활동이나 간단한 수다를 비롯해 부대 자체에 마련되어 있는 게임방이나 노래방 등의 여가 시설과 핸드폰 사용 등의 복지 혜택도 포함된다. 우리는 이러한 요소들을 충분히 활용하여 이들이 존재하지 않았을 경우보다 훨씬 더 나은 군 생활을 누릴 수 있다.

하지만 부대원들과의 교류든 복지의 수혜든 본인에게 도움이 되는 적정선이 존재하기 마련이다. 이러한 적정선을 지나치면 오히려 우리에게 특히, 자신만의 목표를 분명히 가지고 있는 사람들에게 독이 될 수 있다. 다시 말해 군대 내에 우리에게 양날의 검으로 작용하는 요소들이 있다는 것이다. 우리가 이들을 정확히 파악하고 우리에게 최대한 적합하게 활용할 수 있을 때 더 효율적이고 보람 있는 군 생활을 할 수 있다.

먼저 이야기해볼 양날의 검은 부대원들과의 상호작용이다. 군대에서 주위 사람들과 좋은 관계를 유지하는 것, 더 나아가 친밀한 관계를 형성하는 것은 스트레스를 줄이고 군 생활을 조금 더 행복하게 하는 최고의 방법 중 하나다.

나는 훈련소 때 이러한 사실을 깨달았는데, 훈련소 동기들과 매우 친밀하게 지내면서 힘들었던 훈련소 기간을 자주 웃으면서 보낼 수 있었기 때문이다.

다시 이야기로 돌아가자면, 훈련소에서부터 군 생활 과정에서의 친밀한 인간관계 형성에 대한 소중함과 즐거움을 한껏 느낀 나는 자대 배치를 받고 나서도 인간관계에 집착하게 됐다. 축구부 선배들, 대학교 선배들과 친해지고 싶었던 것처럼 같은 부대 선임들과 친해지고 싶었다. 그래서 잘 보이기 위해 많이 노력하고 용기를 내어 먼저 조금씩 다가가기도 했다. 개인정비 시간에 운동을 한다거나 친구들과 전화 통화를 하겠다는 등의 계획을 세워 놓아도 막상 선임들이 게임을 한다거나 노래방에 간다는 이야기를 하면 나도 끼기 위해 노력하곤 했다. 이뿐만 아니라 생활관에서 게임 이야기나 각자가 사회에서 겪었던 얘기 등을 나눌 때마다 나도 그 속에 섞여 들어가 사람들을 한 번 웃겨 보기 위해 노력하기도 했다.

물론 이러한 행동은 일부 필요하다. 부대원들과 좋은 관계를 형성하고 유지하는 것은 나 자신에게도 그리고 부대에도 좋은 일이며 함께 생활하는 공동체 속에서 어느 정도 요구되는 것이기도 하다. 만약 전입을 온 초반부터 선임들과 친해지려는 노력도 전혀 하지 않고 같이 게임이나 운동, 이야기 등을 적극적으로 함께 하지 않으면 남은 군 생활을 외롭고 지루하게 보내야 할 가능성이 크다.

하지만 같이 오랫동안 군 생활을 한 사람들이라도 사회에서는 절대 다시 안 본다는 이야기도 있는 만큼 부대원들과의 인간관계에 대해 종종 회의감이 들 때가 있었다. 그리고 무엇보다 내가 군대에서 이루고자 하는 나만의 목표를 세우다 보니 날 위한 계획을 짜고 날 위한 시간을 쓰는 것이 가장 중요하다는 생각도 하게 된다. 선임들과 혹은 동기, 후임들과 같이 게임을 하고 노래를 부르고 가끔 다 같이 모여 앉아 게임 이야기를 하고 휴가 이야기를 하는 시간들이 아깝게 느껴지기 시작한 것이다. 물론 가끔만 그런 자리에 참석하는 것이 가장 좋지만 대부분의 부탁에 대해 매일 함께하던 부대원들에게 거절 의사를 표하고 본인의 일에 집중하는 것은 쉬운 일이 아니다.

따라서 가장 바람직한 전략은 전입 초반에는 선임을 비롯한 부대원들과 친밀한 관계를 쌓기 위해 노력하고, 어느 정도 가까운 사이가 되었다 싶으면 조금 거리를 두고 우리 본인만의 목표에 투자할 시간을 확보하는 것이다.

하지만 문제는 친해지려는 노력을 통해 친한 관계로 접어든 후에 가까운 관계가 형성된 이후에는 거리를 두고 우리 자신을 위한 시간을 확보하는 것 역시 어색하고 껄끄러운 과정이라는 것이다.

이를 해결하는 방법은 단 하나뿐이다. 우리 각자의 목표를 명확히 하고 이를 얼마나 달성하고 싶은지 생각하는 것이다. 독자들도 각자의 목표가 뚜렷하고 그 목표를 정말 달성하고자 하는 의지가 있다면 내가 이런 내용을 쓸 필요도 없이 이미 그 목표 달성을 위한 시간을 확보하고 주위 사람들의 잦은 초대에 거절할 준비가 되어 있을 것이다.

세계적인 브레인 코치 짐 퀵은 자신의 성공 전략을 담아낸 책『마지막 몰입』에서 "나는 내가 왜, 무엇에 전념해야 할지를 명확히 알았다." 라고 말하며 "나는 고립의 공포에 시달리지도 않는다. 지난 몇 주 동안 몇 차례 사교 및 직장 모임에 초대받았지만 이 책을 쓰는 데 시간을 할애하겠다는 목적과 동기가 명확했기 때문에 거절했다. 당신도 나와 함께 단절의 기쁨을 누렸으면 한다. 요즘 우리 대부분은 피곤하고 지쳐 있다. 그 이유는 우리에게 오는 모든 기회, 초대, 요청을 승낙해야 한다고 느끼기 때문이다." 라고 적었다.

여기에서는 앞에서 중요하다고 강조한 환경의 역할도 당연히 고려된다. 우리가 많은 시간을 함께 하는 주위 사람들 역시 우리의 환경이며, 이 말은 우리는 당연하게도 주위 사람들에게서까지 많은 영향을 받는다는 것이다. 같은 생활관의 다른 모든 인원들이 핸드폰을 사용한다면 우리까지도 무심코 보게 될 가능성이 높고 다른 인원들 모두가 핸드폰 대신 책을 본다면 우리도 핸드폰 대신 책을 볼 가능성이 커지게 되는 것처럼 말이다.

이는 우리가 나태함에 대한 합리화를 극복하기 위해 환경을 이용할 때에 주위 사람들의 영향까지도 고려해볼 수 있다는 이야기다. 제임스 클리어는 "가까운 사람들은 우리의 행동에 가장 강력한 영향을 끼친다. 우리는 주변 사람들의 습관을 보고 배운다"고 말하기도 했다.

따라서 만약 우리와 같이 각자의 목표를 향해 노력하고 일정한 스케줄을 짜서 함께 움직일 만한 사람이 있다면 그런 사람과 함께 하는 것 역시 우리 자신에게 도움이 되는 환경 조성 중 하나라고 할 수 있다.

정리하자면, 군 복무 초반에는 일단 같은 부대의 부대원들과 좋은 관계를 형성하려고 노력하는 것이 옳다. 그렇게 일단 좋은 관계들을 형성했다면 그 뒤로는 그 관계에 묶이지 않도록 어느 정도 거리를 두는 것이 좋다. 일부러 모질게 대하고 무시하라는 말이 아니다. 게임이나 노래방 혹은 비생산적인 수다 등 우리를 우리의 목표와 멀어지게끔 하는 유혹에 자주 응해줄 필요가 없다는 말이다. 이렇게 우리 자신만을 위한 시간을 확보함과 동시에 부대원들 중 우리와 비슷한 목표를 가지고 있거나 혹은 우리처럼 본인의 목표를 위해 계획적으로 노력해나가는 사람이 있다면 그를 우리 곁에 두어 서로에게 긍정적인 영향을 주도록 할 수도 있다.

복지 혜택

"침잠이란 무엇인가? 육체를 떠난다는 것은 무엇인가? 단식이란 무엇인가? 호흡을 멈춘다는 것은 무엇인가? 그것은 자아로부터 도망치는 것이며, 그것은 자아 상태의 고통으로부터 잠시 동안 빠져나오는 것이며, 그것은 인생의 고통과 무의미함을 잠시 동안 마비시키는 것이야. 이러한 도망, 이러한 잠시 동안의 마비는 소몰이꾼도 여인숙에서 쌀막걸리 몇 사발이나 잘 발효한 야자유를 마시고 취하면 겪는 일이네. 그런 사람도 취하면 자기 자신의 자아를 더이상 느끼지 않게 되며, 인생의 고통을 더이상 느끼지 않게 되며, 결국 잠시 마비 상태를 겪게 되네. 그 사람은, 쌀막걸리 사발 위에 곯아떨어진 상태로, 싯다르타와 고빈다가 기나긴 수행 과정을 거친 후에야 자신들의 육신으로부터 빠져나올 경우 도달하게 되는 경지, 그러니까 비아의 상태에 잠시 머무르는 경지와 똑같은 그런 경지에 도달해 있다는 이야기야. 고빈다, 그게 그렇다구."

_헤르만 헤세, 『싯다르타』 중

싯다르타가 자신의 친구 고빈다에게 건네는 말과 함께 이야기해볼 두 번째 양날의 검은 우리를 위한 복지 혜택이다. 이 복지 혜택에는 게임방과 노래방, 핸드폰 사용 제도 등이 포함된다. 우리는 이러한 복지 혜택들이 단지 '존재'한다는 이유만으로 꼭 적극적으로 활용해야 하는 것처럼 행동한다. (이는 여기서 언급한 게임방, 노래방, 핸드폰 사용에 한정된 이야기이다. 우리에게 정말 도움이 되는 다른 많은 복지 혜택들이 있지만 이 세 가지 혜택 이외의 것들은 신경도 쓰지 않는 사람들이 대다수다.) 사회에서도 매일 가지는 않았던 게임방을 군대에서는 매일 가고 심지어는 군대에서 새로운 게임을 시작해 연습하는 사람들도 있다. 물론 이러한 복지 혜택들은 군 복무의 스트레스를 푸는 데에 유용하게 쓰일 수 있다.

하지만 개인정비 시간의 대부분을 게임방에서 보내는 사람들을 보다 보면 스트레스를 해소하기 위해 게임을 한다는 느낌보다는 컴퓨터 게임은 개인정비 시간에만 허용되기 때문에 그 시간에는 게임을 해야만 한다는 느낌이 강하게 든다.

이러한 경향은 핸드폰 사용에서 가장 강하게 드러나는데, 게임방과 노래방을 이용하지 않는 사람들은 있어도 핸드폰 사용을 하지 않는 사람은 없기 때문이다. 물론 나도 개인정비 시간이 세 시간으로 제한된 평일에는 꼭 2시간 이상은 핸드폰 사용을 해왔다. 하지만 현재 나는 평일에 단 30분만 핸드폰을 사용한다. 그 이유는 간단하다. 핸드폰을 3시간 사용할 때보다 30분 사용할 때 그 하루에 대한 만족도가 더 크기 때문이다.

나는 몇 달 전, 게임방과 노래방 이용 그리고 핸드폰 사용을 개인정비 시간에만 허용된다는 이유로 개인정비 시간을 모두 그것들에 할애하는 경향에 대해 생각해보고 있었다. 그러던 와중 나를 포함한 모든 사람이 단 3시간이라는 개인정비 시간에 아주 잘 적응해 있다는 것을 깨달았다. 한마디로 우리는 개인정비 시간이 6시간이었어도 그 6시간 내내 핸드폰을 사용했을 것이며 반대로 1시간이었어도 1시간 내내 핸드폰을 사용했을 것이다. 그리고 3시간으로 제한되어 있는 지금처럼 6시간이나 1시간이라는 시간에 대해서도 완벽히 적응했을 것이다.

우리 부대 모든 병사들이 코로나 백신 주사를 맞았던 시기에 주사를 접종한 날과 그다음 날까지는 특이사항 보고를 위해 핸드폰을 반납하지 않도록 해 주었었는데, 이때 우리 부대원들의 행동이 이러한 가정을 뒷받침해 준다. 나를 포함한 부대원들은 평소 핸드폰을 반납하던 오후 9시가 지나서도 평균 3시간~5시간 정도 추가로 핸드폰을 사용한 것이다. 잠을 참아가면서까지 말이다. 만약 3시간이라는 시간이 너무 길었다면 당연히 이런 행동 양상은 보이지 않았을 것이고, 반대로 3시간이라는 시간이 너무 짧았다면, 즉 핸드폰으로 우리에게 필요한 어떤 행위들을 하는데 3시간이라는 시간은 부족하여서 매일 잠을 줄여가며 핸드폰을 사용해야 할 정도였다면 진작 핸드폰 사용 시간에 대해 건의를 하는 등의 시도를 했어야 마땅하며 또한 핸드폰을 사용할 수 있는 주말에 낮잠을 자는 등의 행동은 하지 않았을 것이다.

나를 비롯한 모든 사람들이 백신을 맞은 날 밤, 잠을 줄여가면서까지 핸드폰으로 한 행동들이 노래를 들으며 게임을 하거나 드라마 정주행 혹은 각종 영상 시청 등의 행동이었다는 사실만 보아도 이렇게 장황한 설명은 애초에 필요가 없다. 말 그대로 우리는 그저 우리 손에 핸드폰이 있기 때문에, 핸드폰을 쓸 수 있기 때문에 핸드폰을 사용하지 못하게 될 때까지 사용하는 것뿐이다.

따라서 나는 핸드폰 사용 시간은 일정 수준 이상부터는 그 효과가 더 이상 없다는 결론을 내렸다. 앞서 부대 내 핸드폰 사용 제도가 장병들의 자살률을 감소시키는 효과를 가져왔다고 했었는데, 이 부분에서도 마찬가지다. 나는 핸드폰 사용 시간이 1시간이었다면(이제 와서 한 시간으로 줄이는 것은 이야기가 조금 다르다.) 자살률이 유의미하게 덜 감소했을 것이라거나 사용 시간이 6시간으로 늘어난다면 자살률이 유의미하게 더 감소할 것이라고는 생각하지 않는다. 다시 말해 핸드폰 사용이 허가되면서 전국 장병들이 누리게 된 이점은 '사회와의 단절 해소' 그 자체이지 '3시간 동안의 단절 해소'가 아니다. 가족 그리고 친구들과 날마다 연락하고 통화할 수 있으며 각종 SNS와 커뮤니티를 통해 온라인상에서의 사회생활을 이어나갈 수 있다는 점 등이다. 기존에 불가능했던 것들이 새롭게 가능해지면서 자살률 감소라는 효과와 실제 병사들이 느끼는 군 생활에 대한 만족도 상승이라는 결과가 나온 것이지 3시간이라는 시간에는 큰 의미가 없다는 것이 결론이다.

이러한 결론으로부터 나는 3시간 동안 허용된다는 이유로 3시간을 모두 핸드폰에 사용할 필요는 없다고 생각했고 이는 자연스럽게 3시간 중 꽤 많은 시간을 핸드폰 사용보다 더 유익한 곳에 투자할 수 있겠다는 생각으로 이어졌다. 이러한 생각은 핸드폰 사용은 비교적 무의미한 행동이라는 인식 위에 놓인 주장으로 보일 수 있는데 사실 역시 그러하다. 핸드폰 사용은 우리의 스트레스가 어느 정도 해소될 수준을 넘어서면 오히려 우리에게 피해가 된다. 이는 군대에서든 사회에서든 마찬가지의 이야기지만 나 자신에게 투자할 수 있는 시간이 제한적인 군대 내에서는 핸드폰 사용이 더 독이 될 수 있기에 특히, 더 중요하다. 과도한 핸드폰 사용이 좋지 않다는 것은 이제 식상한 이야기지만 이 말이 식상해지는 만큼 사람들은 이 사실에 더욱 주목하지 않고 있다.

IT 미래학자인 니콜라스 카는 인터넷으로 인해 "나는 이전의 뇌를 잃어버린 것이다."라고 말하며 "온라인 세상에 들어갈 때 우리는 겉핥기식 읽기, 허둥지둥하고 산만한 생각 그리고 피상적인 학습을 종용하는 환경 속으로 입장하는 셈이다."라고 적었다.

이어 그는 "인터넷은 또한 물리적, 정신적 행동의 반복을 권장하고, 반응과 보상을 전달하는 초고속 시스템, 즉 심리학 용어로는 '긍정적 강화'라는 시스템을 제공한다. …(중략) 이는 우리를 사회적 또는 지적 영양분이 담긴 작은 알갱이가 쏟아지도록 명령하는 손잡이를 끊임없이 누르는 실험실의 생쥐로 바꿔놓았다."라고 하였다. 실험실의 생쥐란 주체적이고 능동적인 사고를 잃은 수동적인 인간에 대한 비유라고 할 수 있다. 또한 니콜라스 카는 현대인들이 가장 많은 시간을 투자하는 이유 중 하나인 소셜네트워크에 대해 다음과 같이 적었다.

"페이스북 초대 사장 숀 파커는 이제 소셜네트워크가 '인간 심리의 취약함'을 이용하려는 목적으로 디자인되었다고 인정한다. 설계자들은 '그 점을 인지하고 있었음에도 불구하고 이 같은 서비스를 만들었다.'라고 그는 말한다. 또 다른 페북 전직 임원인 차마스 팔리하피티야는 '깨닫지 못하겠지만 당신은 프로그램되어 있다.'라고 말한다. 프로그램의 목적은 '기기에 머무는 시간'을 최대화하는 것인데, 이 용어는 라스베이거스와 실리콘밸리 양쪽에서 매우 흔히 사용되고 있다. 인터넷 산업은 아마도 이상주의 속에서 태동했을 것이나 지금은 조작적이고 또 매우 상업적인 피드백 루프에 의해 움직인다. 우리의 휴대폰 사용량이 더 많은 정보를 제공하고 이 정보들을 토대로 기업들은 더 중독적인 앱을 만들어 돈을 번다."

소셜네트워크 앱을 비롯한 많은 핸드폰 앱들은 우리 심리의 취약함과 우리가 제공하는 정보들을 통해 앱의 중독성을 증가시키고 이는 다시 우리가 핸드폰 사용에 투자하는 시간을 증가시킴으로써 그 악순환을 반복하게 한다는 것이다.

앞에서도 등장한 기억력 향상, 두뇌 건강, 가속 학습 분야의 전문가이자 세계적인 브레인 코치인 짐 퀵 역시 "더 큰 문제는 우리가 접속 상태를 즐기게 되었다는 점이다. 소셜미디어에서 '좋아요'를 받거나 가족이나 친구들로부터 문자 메시지를 받을 때마다 분비되는 도파민은 더 오래, 더 자주 온라인에 접속하게 한다. 그리고 그런 보상은 우리 뇌를 변화시킨다." 라고 지적하면서 '무의식적인 클릭은 생각의 근육을 없앤다.' 라는 제목의 단락에서 "오늘날은 우리가 자신의 한계를 뛰어넘기 위해 필요한 비판적 사고와 문제 해결, 창의성의 결합체인 추론까지 자동화되고 있다. …(중략) 이제는 기술이 우리 대신 추론하고 있다. 기술이 우리 대신 추론하고 있다면 문제 해결 능력의 상당 부분도 기술에 양도하는 것이다." 라고 적었다.

무의식적인 클릭이 우리의 비판적 사고와 추론 능력 등을 자동화한다는 것은 우리의 첫 번째 문제점인 주체성의 상실과도 관계된다. 따라서 니콜라스 카와 짐 퀵 모두 핸드폰과 인터넷이 우리들의 주체성을 빼앗고 우리를 수동적인 생쥐로 만들고 있다는 점을 지적하고 있다.

하지만 우리 모두가 그렇듯이 이 두 사람도 인터넷과 최신 기기들의 긍정적인 효과를 인정했다. 오히려 그렇기에 짐 퀵이 충고한 대로 "습관적으로 무심코 들여다보는 게 아니라 의식적으로 활용하고 자신의 생산성과 마음의 평화를 앗아가지 않도록 조화롭게 사용"해야 한다. 퀵은 "우리가 이를 사용하는 방식을 통제해야 하며 그러지 않으면 거꾸로 기술에 이용당할 수 있다. 어떻게 관여하느냐는 전적으로 우리에게 달려 있다"고도 말했다.

정리하자면 핸드폰과 인터넷, 소셜미디어 등은 분명 우리에게 있어 효과적으로 사용될 수 있다.

하지만 지나친 사용은 우리의 주체성을 빼앗고 우리가 오히려 기술에 이용당하게 되는 상황을 발생시킬 수 있기 때문에 우리가 능동적으로 핸드폰과 인터넷 사용 등을 의식적으로 통제해야 한다는 것이다.

나는 이러한 핸드폰 사용의 문제점에도 주목했지만, 핸드폰 사용에 투자되는 개인정비 시간이 군대에서 오로지 나에게 투자할 수 있는 제한적인 시간이기도 하다는 점 역시 중요하게 생각했고, 따라서 그 시간을 더 효율적으로 내게 투자해야겠다고 다짐하면서 핸드폰을 30분만 사용하기로 마음먹은 것이다. 그리고 나는 이 30분이라는 시간을 개인정비 시간의 마지막 30분으로 정했는데 이렇게 정한 이유 역시 3시간 동안만 허용되기 때문에 3시간 동안은 핸드폰을 해야 한다는 경향과 유사하게 지금 내 손에 핸드폰이 있기 때문에 핸드폰을 봐야 한다는 듯한 행동이 존재하기 때문이다. 지금 당장 핸드폰이 필요하지 않음에도 단지 내 손에 들려 있다는 이유만으로 우리는 무언가 볼거리를 찾아 인터넷을 뒤지고 끊임없이 각종 영상들을 본다. 한마디로 제대로 된 목적지도 없이 단지 핸드폰을 그 시간에 사용할 수 있다는 이유만으로 그 속에 내 정신을 내 맡긴다는 것이다.

따라서 나는 개인정비 시간의 마지막 30분 이전에는 핸드폰을 손에 들지 않기로 한 것이다. 30분이라는 더욱 제한된 시간 자체가 내가 꼭 핸드폰으로 꼭 필요한 행위를 먼저 하도록 유도했고 그 이후에 동영상을 시청하는 등의 휴식을 취하도록 했기 때문이다. 물론 별로 의미 없는 동영상들을 시청하며 휴식을 취하는 것 역시 제한적인 시간 때문에 오래 유지하지는 못한다는 점도 하나의 장점으로 작용한다.

조금 다른 관점에서, 내가 게임과 핸드폰 사용을 남들 못지않게 혹은 평균 수준 이상으로 좋아하면서도 이에 대한 거부감이 큰 이유는 가장 앞에서 인용한 싯다르타의 말과 연관이 있다.

싯다르타는 자아가 겪는 고통과 무의미함을 마비시키면서 자아로부터 도망친다는 표현을 사용하며 자신과 고빈다가 침잠이라는 것을 통해 자아로부터 도망치고 고통을 잊으려고 애쓰듯이 여인숙의 소몰이꾼은 쌀막걸리 몇 사발로 만취 상태에 도달함으로써 인생의 고통을 더이상 느끼지 않는 마비 상태에 이른다고 이야기한다.

여기서 '인생의 고통을 더이상 느끼지 않는 마비 상태'라는 표현이 인상적인데 그 이유는 앞서 언급한 니콜라스 카가 우리 인간에게 미치는 영향에 대한 경각심을 일깨워 주기 위해 사용한 표현과 동일하기 때문이다.

"매클루언이 하고자 했던 말은 새로운 기술, 더 보편적으로 말해서 진보에 대해 솔직히 평가하자면 우리는 얻은 것뿐 아니라 잃은 것에 더 민감해져야 한다는 것이다. 우리는 기술의 영광이 우리의 핵심 자아를 마비시킬 수 있는 가능성에 대해 내부적인 감시의 눈이 멀도록 해서는 안 된다."

니콜라스 카의 이 말은 기술에 대한 경각심을 통해 컴퓨터 게임과 핸드폰 사용에 대한 무분별한 수용을 억제해야 한다는 뜻이기도 하지만 내가 그보다 더 주목한 것은 "우리의 핵심 자아를 마비시킬 수 있는 가능성"이라는 표현이다. 여기서 마비는 인생에서의 고통을 잊게 해 준다는 역할을 한다는 점에서 싯다르타가 언급한 마비와 일맥상통하며 그러한 마비 상태를 회의적인 시각으로 바라본다는 점에서도 맥락을 같이 한다.

나는 이러한 '마비'라는 개념에 대한 이해를 바탕으로 침잠을 하는 싯다르타와 고빈다 그리고 취할 때까지 막걸리를 마시는 소몰이꾼으로부터 컴퓨터 게임과 텔레비전 그리고 핸드폰을 통해 마비 상태에 이르려는 우리가 보인다.

깨어 있는 맑은 정신보다는 취한 정신상태를 선호하며 실제 세상에서의 활동보다 게임 속 가상 세계에서의 활동을 더 선호하고, 내 상황에 주목하기보다 핸드폰으로 시청하는 동영상 속 상황에 주목하기를 더 선호하는 이유는 종종 고통을 잊기 위한 일종의 현실 도피일 때가 있다. 우리는 분명 힘들거나 무기력하고 걱정이 많을수록 현실의 세계와 나 자신에게 집중하기보다는 내가 처해 있는 현실을 잊게 해 주는 것에 끌린다. 지금 내게 어떤 문제가 있다면 그 문제에 대한 생각은 그만두고 싶고 얼른 잊어버리고 싶다는 욕구 때문이다.

나도 이렇게 현실에서 도망치고 싶고 현실에서의 문제들을 내 머릿속에서 밀어내기 위해 핸드폰과 컴퓨터 게임에 내 정신을 맡기던 때가 있었다. 중학교 시절 인생에서 가장 힘들었던 시기가 있었는데, 이때는 새벽 4시까지 핸드폰으로 영상을 보고 게임을 하다가 다음날 학교를 빼먹고 오후까지 자는 것이 일상이었다. 점심에 눈을 뜨면 바로 피시방으로 가서 게임을 했고 그러다가 집에 돌아오면 다시 새벽 4시까지 핸드폰을 했다. 늦게라도 학교에 가는 날에는 수업시간에는 불가능한 게임과 핸드폰 대신 현실을 잊게 해 주는 낮잠이라는 방법을 애용하기도 했다. 그렇다고 내가 이 시기에만 이런 행동을 한 것은 아니다. 이후로도 내가 곤란한 상황에 처하거나 슬픔에 빠질 때 혹은 나를 두렵게 하고 걱정되게 하는 문제가 있을 때, 내 머릿속에서 내보내고 싶은 생각과 고민들이 있을 때마다 게임을 하고 핸드폰을 들여다본다.

나는 이러한 현실 도피를 위한 게임과 핸드폰 사용이 군대에서 가장 만연한 문제점 중 하나라고 단언한다. 이 책에서 언급한 다양한 요인들로 인해 대부분 군대에서 보내는 시간을 아까워할 뿐만 아니라 이 시기를 고통스럽다고 생각한다. 집에 갈 수 없고, 가족과 친구들을 만날 수 없으며, 맛있는 음식을 먹을 수 없고, 사랑을 할 수 없고, 누군가의 명령에 따라 움직여야 한다. 한마디로 내 자유가 제한되는 이곳에서 우리 스스로가 겪는 많은 고통을 발견한다. 이에 못지 않은 또 하나의 문제점은 그러한 고통을 이겨낼 만한 보상은 찾아내지 못한다는 것이다. 애초에 이곳에서 보상에 대한 개념, 즉 자기 자신의 발전이라든가 자신의 목표 달성 등의 목적을 가지고 있지 않기 때문에 자신감이나 자존감의 향상, 뿌듯함, 기쁨, 성취감, 자랑스러움, 즐거움, 만족감 등의 긍정적인 보상을 발견하지 못한다.

따라서 자연스럽게 군대에서 이러한 보상을 얻을 수 있는 유일한 방법은 컴퓨터 게임과 핸드폰, 부대원과의 어울림 그리고 이 모든 고통에서 벗어나는(벗어난다고 믿는) 전역뿐이라고 생각하게 되는 것이다.

서울대학교 소비자학과 김난도 교수는 다음과 같이 적었다.

"'나는 누구인가?' '나는 무엇을 좋아하는가?' '무엇이 나를 아침에 일어나게 하는가?'

이 무거운 질문들에 대해 현대인은 이미 불안한 자신을 더 괴롭히지 않고 스스로 재미와 즐거움을 느끼며 만족을 찾을 수 있는 가벼운 방법을 강구하기 시작했다."

김난도 교수가 위의 가벼운 방법이라는 것으로 레이블링 게임이라는 개념을 제시하는 맥락에서 사용한 말이지만 나는 군 생활을 하는 많은 장병들이 게임과 핸드폰에 개인정비 시간의 대부분을 소모하는 것도 위 맥락에서의 가벼운 방법 중 하나라고 본다.

물론 다들 알고 있겠지만 나는 부대에서의 게임과 핸드폰 사용을 지적하는 것이 아니다. 글을 쓰고 있는 나조차도 평일에는 최소 30분씩 주말에는 몇 시간씩 핸드폰을 사용한다. 내가 지적하는 것은 과거 내가 그랬던 것처럼 이왕 보내야 할 18개월을 어떻게든 의미 있게 보내려 노력하거나 고민하지 않고, 내가 군대에 갇혀 있다는 부정적인 상황으로부터 도피하고 싶은 마음에 본인만의 목표가 있음에도 게임과 핸드폰을 통해 마비 상태에 이르려 하는 행동이다.

군 생활은 당연히 누구에게나 힘들다. 나는 군 생활 중 우리 부대 간부님들께서도 군대라는 집단에 대한 불만을 토로하는 것을 여러 차례 보았다. 그런데 징병제라는 제도하에 입대한 수많은 장병은 오죽하겠는가. 하지만 그러한 상황 속에서도 우리는 충분히 긍정적인 보상을 찾아낼 수 있다. 그러한 보상은 우리의 고통을 잊게 해 주는 '마비 상태'가 아니라 오히려 그 고통을 해소할 만큼의 주체적이면서도 의미 있는 '깨어 있음'이 되어야 할 것이다.

우리의 생각

이 책에서 이야기한 것처럼 우리는 최대한 의식적으로 깨어 있어야 하며 주체적이고 능동적인 자세를 가져야 한다. 이 말은 항상 적극적으로 생각하고 이성적으로 사고하라는 말이나 다름없다.

하지만 우리의 적극적이고 이성적인 사고가 항상 도움이 되는 것은 아니다. 우리의 한계는 우리 스스로가 규정하는 것이라는 말을 들어보았을 것이다. 우리가 할 수 없다고 믿으면 정말 할 수 없고 실패할 것으로 생각하면 애초에 시도조차 안 하게 되는 것처럼 우리의 생각과 믿음이 우리의 한계를 규정하면서 부정적인 영향을 끼치기도 한다. 이러한 면에서 우리의 생각 역시 양날의 검이라고 할 수 있다.

적극적이고 이성적으로 생각한다고 하면서 다른 사람들과 우리 자신을 비교하며 자존감을 낮추고 부정적인 부분만 파고들어서 우리 자신을 과소평가하고, 시도조차 하지 않고, 실패를 예측하는 데에 그러한 생각을 사용하는 것은 절대 도움이 되지 않는다. 그렇다면 정반대로 우리의 생각을 활용하면 우리에게 도움이 된다는 뜻일까? 자존감을 높이고 스스로에 대한 믿음과 확신을 가지면서 성취를 유도하는 것이 가능하다는 뜻일까? 분명 그렇다.

그러하기에 우리의 생각이라는 것은 가장 중요한 양날의 검이다. 생각을 통해 나 자신을 심지어는 현실까지 바꿀 수 있다는 말들은 다소 순진하고 심지어는 멍청해 보이기도 한다. 하지만 이런 말들은 멍청하지 않은, 오히려 세계적으로 인정받는 수많은 사람들이 공통적으로 전하는 말이라는 것은 놀라운 사실이다.

세계적 브레인 코치 짐 퀵은 목표를 달성했을 때 얻게 될 것들을 "구체적으로 적어라. 그것을 보고, 느끼고, 믿고, 매일 노력하라. 샴페인을 터뜨리고 축하할 순간을 머릿속으로 그려라." 라고 했다.

세계적인 동기 부여 전문가이자 심리학자 그리고 강연가이기도 한 토니 로빈스는 "어떤 것이라도 진짜 경험한 것처럼 생생하게 상상할 수만 있다면 성공할 수 있다. 우리의 뇌는 생생하게 상상한 것과 실제 현실의 차이를 모르기 때문이다. 아직 그런 일이 생기지 않았더라도 강력한 감정을 가지고 충분히 반복하면 우리의 신경 시스템은 그것을 진짜인 것처럼 경험하게 된다. 내가 만나보았던 모든 위대한 성취가들은 이전에 아무도 그런 일을 이루지 못했더라도 자신만은 성공할 수 있다고 스스로 확실하게 느끼는 능력을 가지고 있었다." 라며 "만일 우리가, 강력한 믿음이 주는 확신을 완전히 가질 수 있다면, 다른 사람들이 불가능하다고 믿는 것을 비롯하여 그 무엇도 이루어낼 수 있을 것이다." 라고 적었다.

베스트셀러 작가이자 목사인 조엘 오스틴은 "우리는 믿는 대로 얻는다." "밝은 미래를 믿으라." 등의 말과 함께 "우리의 가장 무서운 적, 사탄이 노리는 표적은 우리의 생각이다. 사탄은 우리의 생각을 통제하고 조정함으로써 우리의 인생 전체를 자기 마음대로 주무를 수 있다는 사실을 잘 안다. 실제로 생각에 따라 행동과 태도와 자아상이 결정된다. 아니, 운명이 생각에 달려 있다고 말해도 과언이 아니다."라고 했다.

스노우폭스 창업자이기도 한 짐 킴 홀딩스의 김승호 회장은 "인간은 미래를 알 수 없지만 미래를 만들 수 있는 능력을 지니고 태어났다. 흥미로운 것은, 이를 믿는 사람에게는 그 능력이 주어지지만 이를 믿지 않는 이에게는 안 믿는 그대로를 믿게 한다는 점이다. 사과는 상자 안에 있다. 이를 있다고 믿고 열어보는 자는 사과를 갖게 된다. 없을 거라 생각하는 사람은 열어보는 행위조차 않을 것이기에 그의 생각대로 역시 없다. 부처님께서는 '나는 내 생각의 소산이다.'라는 말씀을 남기셨다. 나라는 존재는 그동안 내가 생각해온 결과물이다. 지금 생각을 바꾸면 나도 바뀌고 미래도 바뀐다."라고 적었다.

신생물학을 이끄는 세계적 학자인 브루스 립튼 박사는 "우리의 생각이 현실을 만든다. 사람들이 각자의 생각 활동으로 세상을 만드는 것이다."라며 "의식의 소망과 열정을 무의식의 믿음에 안착시키면 그건 당신 삶에서 가장 흥분되고 자유로운 것이다. 왜냐하면 일단 무의식에 그 믿음이 있다면 하루의 대부분 동안 당신이 의식 없이도 당신의 마음이 당신을 목표 지점으로 끌고갈 것이기 때문이다."라고 말했다.

영국의 총리였던 마가렛 대처의 이 명언을 알고 있는 사람들도 있을 것이다.

"생각을 조심해라. 말이 된다. 말을 조심해라. 행동이 된다. 행동을 조심해라. 성격이 된다. 성격을 조심해라. 운명이 된다. 결국, 우리의 운명은 생각대로 된다."

재미있는 것은 간디도 이와 유사한 명언을 남겼다는 것이다.

"네 믿음은 네 생각이 된다. 네 생각은 네 말이 된다. 네 말은 네 행동이 된다. 네 행동은 네 습관이 된다. 네 습관은 네 가치가 된다. 네 가치는 네 운명이 된다."

IT 미래학자인 니콜라스 카는 "피아노를 치는 상상만 했던 사람들도 실제 건반을 친 사람들과 정확히 같은 종류의 뇌 변화를 보인다. 우리는 신경학적으로 우리가 사고하는 그대로 변하고 있다."라고 말했다.

지그문트 바우만은 "지금으로부터 100년 전에, 윌리엄 토마스와 플로리언 즈나니에츠키라는 두 뛰어난 사회학자가 사람들은 어떤 것을 참이라고 믿으면 자신들의 행동 방식을 통해 그것을 참으로 만든다는 사실을 알아내긴 했지만…"이라고 말하기도 한다.

지금까지 인용한 말과 글들은 그 말과 글로 의도하려는 바가 조금씩은 다른 맥락에서 가져왔다. 따라서 공통된 하나의 이야기를 하고 있다고 볼 수는 없지만, 우리의 생각이 우리 자신과 현실에 엄청난 영향력을 준다는 사실, 그리고 이를 우리가 잘 활용할 경우 큰 변화를 불러올 수 있다는 사실만은 명확하다.

위에서 인용한 말들 이외에도 영화배우 짐 캐리와 윌 스미스를 비롯해 에드 마일렛, 존 아사라프, 밥 프록터 등 수많은 사람들이 우리의 생각을 통해 현실을 만들 수 있다고 이야기한다. 그리고 그들 모두 이러한 방법을 통해 지금 본인들이 있는 자리까지 도달했다고 말한다.

나는 좋은 일이든 나쁜 일이든 모든 것은 각자의 생각에서 비롯된 것이니 생각을 바꾸고 마음을 고쳐먹으라는 이야기를 하고 싶지는 않다. 나는 오히려 이러한 의견에는 반대한다. 아무것도 하지 않고 생각과 믿음만 있다면 무엇이든 가능하다는 말이 아니다. 그럼에도 내가 이렇게 많은 사람들의 말과 글을 빌려 우리들이 가지고 있는 생각의 힘에 대해 이야기한 것은 이 힘을 사용하는 방법이 너무나 간단함에도 불구하고 이 힘을 이용하는 사람들이 극소수에 불과하기 때문이다.

우리의 생각과 믿음이 우리에게 엄청난 영향을 미친다고 주장하며 생각과 믿음을 바꾸는 것만으로도 현실을 바꾸고 원하는 미래를 불러올 수 있다고 이야기하는 사람들이 저렇게나 많다면, 우리도 시도해보지 않을 이유가 없다. 이 방법이 효과가 아예 없다고 한들 우리 자신의 미래를 비관적으로 바라보고 우리의 한계를 규정하고 실패만 예상하면서 자신감 없는 태도를 취하는 것보다 나쁠 리가 없지 않은가. 나 역시 이 방법을 지지하는 사람 중 하나이다.

내가 이러한 생각의 힘의 도움을 받은 일 중 하나는 바로 이 책이다. 나는 군 생활 중에 큰 목표를 하나 이룰 것이라 믿은 뒤, 군대에서 이 책을 출판하게 될 것이라 믿었으며, 결국 이렇게 출판까지 하게 되었다. 이 책을 읽은 모든 독자들도 지금부터는 자신의 생각을 이용해 자기 자신과 현실을 원하는 대로 변화시켜가기를 바란다.

CHAPTER 6

군 복지
혜택

현역 병사가 누릴 수 있는 복지 혜택들

앞서 내용을 전개하면서 종종 군대 내에서의 병사 복지에 대해 언급했는데, 나의 주관적 판단에 따라 유용하게 활용할 수 있을 것으로 기대되는 현역병사 복지혜택들을 따로 정리해보았다. 이 장은 국방부가 2021년 2월 발행한 〈2021 병 복지 길라잡이 – 병 복지혜택 이렇게 다양합니다〉를 참고하였다. 그런데 우리 중대원 중 단 한 명도 이 길라잡이를 읽어보지 않았을 뿐더러 나를 포함해 3명을 제외하고는 이 길라잡이의 존재 자체도 몰랐다는 것을 알게 되었고, 관련 내용을 다루어야겠다고 마음먹었다. 일명 '군 생활 꿀팁'같은 것들을 찾아본 적이 있는 사람들이라면 이 장에서 소개할 내용 중에서 그러한 팁들을 여럿 얻어갈 수 있을 것이다.

병 급여(봉급/수당 등) 확인 방법

내가 복무한 중대 중대장님께서 나에게 처음으로 해 주신 조언이 "급여는 매달 확인하라."였을 만큼 급여 확인은 가장 기본적이면서도 중요한 팁 중 하나이다. 병 급여는 매월 10일과 20일에 지급되는데 두 날짜에 따라 각각 지급되는 항목에 약간 차이가 있다. 매월 10일에는 봉급(월급), 수당, 휴가비, 전역비, 일용품비가 지급되며 20일에는 10일과 같은 항목에 대해 다음달 전역(1~10일)자의 몫을 지급한다.

급여지급 확인 방법에는 두 가지가 있다.

첫 번째 방법은 국군재정관리단 인트라넷 국방 급여 포털에 접속 후 신상 정보를 입력한 뒤 조회하는 방법이다.

두 번째 방법은 국군재정관리단 ARS를 확인한 후 해당 번호(02-3146-6560)로 ARS 접속을 한 후 1번 누르고 주민등록번호를 입력하면 된다. 누군가는 적은 금액이라 생각할지도 모르지만 본인이 마땅히 받아야 할 대가를 직접 확인하고 관리하는 습관은 나중에 받게 될 더 높은 급여에 대한 준비 중 하나이다.

현역병 학자금 대출이자 면제

군 복무기간 중 '취업 후 상환 학자금 대출' 이자를 정부가 지원하는 제도로서 한국장학재단으로부터 일반상환 및 정부보증 학자금 대출을 받는 군 복무자를 대상으로 한다. 개인이 별도로 신청할 필요 없이 한국

장학재단에서 병무청의 병역정보를 바탕으로 군 복무기간 동안 발생한 학자금 대출이자를 선 감면해주므로 특별한 절차를 거칠 필요는 없다. 그렇더라도 확인 및 문의할 사항이 있는 사람은 한국장학재단 고객센터 (1599-2000)에서 처리할 수 있다.

청년 Dream 국군 드림

장병들의 생산적 군 복무를 통한 동기 유발과 역량 증진을 위한 국가 차원의 정책이다. 주요 내용으로 7가지가 있으나 여기서는 세 가지만 소개하겠다.

먼저 가장 많은 장병들이 이용하고 있는 나라 사랑(청년 Dream 국군드림) 모바일 앱이다. 이 모바일 앱은 국방부가 병사들의 휴대전화 전면 사용이 허용됨에 따라 이를 통해 병사들의 자기계발과 병 대상 복지혜택 제공에 도움을 주기 위해 출시했다. 이 앱을 통해 종이 휴가증을 모바일 휴가증으로 전환할 수 있으며 휴가 시의 모바일 철도예약 체계도 지원받을 수 있다. 모바일 신인성검사와 전국 장병들이 참여하는 자기계발 정보제공 커뮤니티도 이용할 수 있다. 이외에는 각 군에서 실시한 후 국방부 경진대회로 이어지는 창업경진대회와 리더십 함양교육을 위한 '리더십 코칭 전문관 운용'이 있다.

자기계발 분야

자기계발 분야야말로 군에서 지원하는 병 복지혜택 중 가장 중요한 것이라고 할 수 있다.

처음으로 소개할 복지는 '군 복무 중 대학 원격강좌 수강'이다. 군 복무 중 재학 중인 대학의 원격강좌 수강으로 한 학기당 최대 6학점까지 취득할 수 있도록 지원해 주는 정책이다. 나라사랑포털에서 수강신청을 할 수 있으며 2020년 2학기 기준 161개 대학이 참여하고 있다.

다음으로 '군 E-러닝 학습콘텐츠 제공'이라는 복지정책이 있다. 외국어, 자격증, IT, 취업, 검정고시 등 8천여 개의 강좌가 제공되며 나라사랑포에서 수강할 수 있다. 2020년 12월 기준 부동산, 기사, 기능사 등의 자격증과 영어, 일본어, 중국어 등의 어학 그리고 인문학 강좌 및 검정고시와 대학편입 관련 강좌들도 제공되고 있다.

마지막으로 '병 자기계발비용 지원제도'이다. 군 복무 중 다양한 자기계발 기회 지원을 확대하기 위해 개인별 자기계발 활동에 소요 비용의 일부를 지원해 주는 제도이다. 병사 1명당 연간 최대 10만 원을 지원받을 수 있으며 개인 부담은 20%이다. 만 원짜리 책을 구입할 경우 8,000원을 지원받는 식이다. 지원 분야로는 자격취득과 어학 등 응시료, 각종 도서와 교재 구입비, on-off 라인 수강료, 학습용품과 운동용품 등의 자기계발 활동 분야가 있다.

취업 및 창업 지원

마지막으로 전역 후 사회적응을 지원하는 제도를 중 하나인 '취업 및 창업'지원제도이다. 먼저 국방전직교육원 홈페이지(www.moti.or.kr)에서 전역 후 제2의 인생 설계와 구직 역량 강화를 위한 진로설계를 경험해볼 수 있다. 워크넷(www.work.go.kr)에서는 직업 선호도 검사와 진로준비도 검사 등의 무료 직업적성검사를 할 수 있다.

이러한 페이지들뿐만 아니라 취업과 진로목표 설정을 위해 찾아가는 교육 및 상담을 지원하며 취업, 창업에 도움을 주고자 각종 교육 프로그램을 지원하기도 한다.

다음으로 전역과 동시 취업을 위해 다양한 일자리를 제공하기도 한다. 취업박람회에 참여하거나 '찾아가는 1:1 취업상담을 통해 구직 희망자 일자리 매칭을 지원' 제도를 이용할 수도 있다. 현장 채용설명회에 참가하거나 창업사관학교에 입주하는 방법도 있다.

에필로그

이 책의 역할은 여기까지

책은 책일 뿐, 책을 읽었다고 해서 우리가 저절로 변화하는 일은 없다. 단 책은 기존에 무심코 지나쳤던 것, 즉 수동적으로 받아들이던 것을 능동적으로 인식할 수 있도록 해 주고 내 머릿속에 새로운 생각을 심고 깨움으로써 새로운 행동을 할 수 있도록 한다. 이제 우리는 우리 자신이 긍정적 행동을 해야 하는 이유를 몇 가지 더 제시할 수 있고 부정적 행동을 하지 말아야 할 이유 역시 몇 가지 더 알고 있다.

환경과 습관이 그 존재 자체로 우리에게 도움을 주듯 책을 읽는 것 역시 우리의 머릿속에 새로운 생각을 심고 우리의 시야를 넓혀줌으로써 우리에게 자연스레 도움을 준다. 하지만 정말 단순히 책을 '읽는' 행위만으로는 주어진 환경에 순응하고 지금 우리가 가지고 있는 습관을 유지하는 것처럼 수동적인 행위에 지나지 않는다. 책이 어떠한 주제를 바라보는 시각을 우리의 시각에서 평가하고 책이 주는 조언을 우리가 놓인 입장에서 재해석하는 등 독서 과정에서도 능동적인 태도는 당연히 요구된다. 이러한 태도가 기존의 우리 자신에 대한 성찰 그리고 반성과 개선을 이끌면서 책에서 느끼고 배운 것들을 우리의 것으로 만들도록 한다.

이 책을 읽어주신 독자 중 몇몇 분은 나와는 관점이 다를 수도, 내 주장에 대해 반박을 할 수도, 내 조언을 받아들이지 않을 수도 있다.

하지만 나는 이 책을 읽고서 내 관점과는 다른 관점으로 문제를 바라보거나 내 주장에 반대하고 조언을 받아들이지 않는 태도를 보이는 사람들까지도 이 책이 제 역할을 한 결과라고 장담한다.

후회 없고 보람찬 18개월을 보내기 위해, 황금 같은 시기라고도 불리는 20대의 1년 6개월을 의미 있게 보내기 위해 이 책을 읽겠다고 마음을 먹은 것처럼, 이 책에서 무언가를 느끼고 배운 사람들과 이 책에서는 아무것도 배울 게 없다며 다른 입장을 가지는 사람들 역시 주체적이고 능동적인 태도를 통해 깨어 있는 군 생활을 할 준비가 된 것이다. 이러한 태도를 오랜 군 생활동안 유지하는 데에 도움이 될까 하여 글의 마지막에 내 이메일 주소를 남기도록 하겠다. 이 책에 대해 이야기하고 싶은 부분이나 내 주장과는 반대되는 주장 혹은 그 외에 다른 어떤 내용이어도 좋다. 나는 책을 썼다는 이유만으로 일방적인 전달자 역할만을 하고 싶지는 않다. 이 책이 다룬 주제들에 대한 수많은 사람들의 의견을 듣고 그들과 이야기하며 배우고 싶다. 이것은 내가 복무하는 부대에서 하지 못한 일 중 하나이기 때문이기도 하다.

군 생활을 힘들어하고, 전역만을 기다리며 본인의 목표를 달성하지 못하는 사람들과 진지하게 대화를 나누고 그들에게 도움을 주고 싶었다.

열정이라고는 찾아볼 수 없이 나태함과 합리화에 빠져 무기력해진 그들의 모습과 군대가 아닌 감옥에라도 갇힌 것처럼 자신의 처지를 수감자에 비유하는 그들을 통해서 수많은 개인적 문제들이 결국 집단 차원의 문제가 되는 것을, 그리고 그것이 다시 개인적인 문제들로 돌아오는 것을 보았기 때문이다.

하지만 아주 소수의 인원을 제외하고는 내가 그들과 서로 도움을 주는 관계를 맺기는커녕 이런 주제에 대한 대화조차 시도해보지 못했기 때문에 이 책이 탄생하게 되는 순간까지 오지 않았나 싶다.

이 책을 시작하며 이야기했듯 수백만 명의 한국 20대 남성 중 한 사람으로서, 한 명의 군인으로서, 우리 모두가 겪었고 겪고 있으며 겪게 될 문제들에 대해 새로운 해결의 길을 열고자 노력한 결과가 이 책이다. 부디 이 책이 우리나라 군대와 그 군대에 복무할 예정인 사람들 그리고 복무 중인 사람들에게 신선하고도 효율적인 대안을 제공할 수 있기를 바란다.

참고문헌

- 국방부, 『정신전력교육 기본교재』, 2019
- "내 인생에 군대는" …2021년 군인들의 목소리, 구스뉴스, 2021년 6월 11일
- [뉴스룸 모아보기] '성추행 사건' 질질 끌던 공군… 또 성범죄 제보, JTBC News, 2021년 6월 2일
- 대낮 가정집 '총탄 날벼락' …軍 "깨진 유리창만 보상", KBS NEWS, 2021년 6월 10일
- 데이비드 M. 루벤스타인, 『타이탄의 지혜들』, 토네이도, 2021
- 팀 페리스. 『타이탄의 도구들』.
- 알랭 드 보통, 『불안』, 은행나무, 2011
- 김진형, 『대한민국 군대를 말한다』, 맥스미디어, 2021
- "군사법원, '국군통수권자 탄핵' 악플 단 병사에 상관모욕죄, 연합뉴스, 2021년 6월 16일
- 김상균, 『메타 버스』, 플랜비디자인, 2020
- 제임스 클리어, 『아주 작은 습관의 힘』, 비즈니스북스, 2020
- 리차드 탈러 & 캐스 선스타인, 『넛지』, 리더스북, 2021
- "軍 휴대전화 '동상이몽' …병사 82%는 '긍정', 간부 54% '부정'". KBS NEWS, 2021년 5월 6일
- 'SNS 제보', 연일 터지는 병영 부조리… '요즘 군대' 맞나, 이데일리, 2021년 5월 5일
- 개리 마커스, 『클루지』, 갤리온, 2008
- 최근 10년간 군인 자살률 유의미한 감소세, UPI뉴스, 2020년 10월 19일
- "'비위신고자 색출 시도' 대대장, 경징계받고 보직유지". 연합뉴스, 2021년 5월 25일
- 리하르트 다비트 프레히트, 『나는 누구인가』, 21세기북스, 2008
- 나폴레온 힐, 『생각하라 그러면 부자가 되리라』, 와일드북, 2021
- 제임스 클리어, 『아주 작은 습관의 힘』, 비즈니스북스, 2020
- 트와일라 타프 『천재들의 창조적 습관』, 문예출판사, 2007
- 대니얼 J. 레비틴, 『정리하는 뇌』, 와이즈베리, 2015
- 짐 퀵, 『마지막 몰입』, 비즈니스북스, 2021
- 헤르만 헤세, 『싯다르타』, 민음사, 2002
- 니콜라스 카, 『생각하지 않는 사람들』, 청림출판, 2021
- 김난도 『트렌드 코리아 2021』, 미래의 창, 2020
- 토니 로빈스, 『네 안에 잠든 거인을 깨워라』, 씨앗을 뿌리는 사람, 2002
- 조엘 오스틴, 『긍정의 힘』, 긍정의 힘, 2009
- 김승호, 『생각의 비밀』, 황금사자, 2015
- https://youtu.be/ds1alH_qZxQ

수감자의 시간에서 기회의 시간으로
군대, 18개월 돌려받기

지은이 전선재
발행일 2022년 2월 27일
펴낸이 양근모
펴낸곳 도서출판 청년정신
출판등록 1997년 12월 26일 제10-1531호
주   소 경기도 파주시 문발로 115 세종출판벤처타운 408호
전   화 031) 955-4923 팩스 031) 624-6928
이메일 pricker@empas.com